Ausdauerlauf in der Schule

Michael Medler

Ausdauerlauf in der Schule

Flensburg 2015

10. Auflage

24944 Flensburg - Telefon (04 61) 3 43 44 - Telefax (04 61) 31 17 49
e-mail: medler@cm-sportbuch-verlag.de
www.cm-sportbuch-verlag.de

Zeichnungen: Michael Medler, Flensburg
Herstellung und Druck: ScandinavianBook.de, Bremen
ISBN 3-9800 188-3-0
EAN 978-3-9800 188-3-8

Inhalt

Einleitung

Die immer zahlreicher frequentierten Lauf-Treffs sind ein Beweis für die zunehmende Beliebtheit des Ausdauerlaufs. Es sind vor allem gesundheitliche Erwartungen, die zu einer großen Anhängerschaft geführt haben. Ausdauerlaufen gilt als eine ausgezeichnete Möglichkeit, dem Bewegungsmangel unserer Zeit zu begegnen und den Zivilisationskrankheiten vorzubeugen.

Lauf-Treffs werden fast ausschließlich von Erwachsenen besucht, Kinder und Jugendliche sind nur selten anzutreffen. Für sie ist die Gesundheit noch kein Motiv für regelmäßiges Sporttreiben. Nicht zu übersehen ist jedoch, dass auch unsere Jugend zunehmend unter Bewegungsmangel und Bewegungsmangelkrankheiten leidet. Die außerordentlich positive Wirkung eines sinnvoll betriebenen Ausdauertrainings auf den jugendlichen Organismus steht außer Zweifel, so dass unter gesundheitlichem Aspekt dem Ausdauerlauf auch mit Kindern und Jugendlichen eine besondere Bedeutung zukommt. Der Schulsport hat dabei eine besondere Verantwortung. Denn nur hier werden alle Kinder erfasst, auch die, die keinem außerschulischen Sport nachgehen. In der Schule hält der Ausdauerlauf jedoch nur zögernd Einzug. Als typischer „life-time-sport“ kommt er auch in diesem Zusammenhang nur wenig zum Durchbruch. Zu groß sind die Vorurteile und Bedenken, die ihm von unterschiedlichsten Seiten entgegengebracht werden.

Natürlich bietet der Pflichtunterricht in der Schule keine besonders günstigen organisatorischen Voraussetzungen für den Ausdauerlauf. Die begrenzte Stundenzahl, die kurze Unterrichtszeit und das umfangreiche inhaltliche Angebot stellen den Lehrer vor zahlreiche Probleme. Die damit verbundene Herausforderung wird mit diesem Buch bewusst angenommen. Es soll der Beweis erbracht werden, dass Ausdauerlaufen auch für den Schulsport ein durchaus realistisches und überaus interessantes Angebot sein kann, das die Schüler weder physisch noch psychisch überfordert. Die praktischen Vorschläge sind ausschließlich an den Bedingungen der Schule orientiert: zeitlich an der 45-Minuten-Einheit, räumlich am Schul- und Sportgelände und inhaltlich an Kriterien der Kind- und Jugendgemäßheit.

Im Mittelpunkt des Buches stehen das Traben und Dauerlaufen, schwerpunktmäßig in Spiel- und Wettspielformen. Nicht erwähnt sind die vielen kleinen Spiele (z.B. Fangspiele; vgl. Medler 2000) mit ihren wechselnden Laufbelastungen, die vor allem in der Vorbereitung, aber auch als Ergänzung ihren Platz haben.

Kinder sind keine kleinen Erwachsenen. Wer mit ihnen Ausdauersport betreiben will, muss die Besonderheiten des kindlichen Organismus kennen. Die wichtigsten physiologischen Grundlagen sind dem praktischen Teil vorangestellt. Wer mehr erfahren will, sollte die ausgezeichnete Fachliteratur zu Rate ziehen.

Die Bedeutung des Ausdauerlaufs für den Schulsport

Die Auseinandersetzung mit der modernen Ausdauerlaufbewegung (Jogging, Trimming 130), ihren Beweggründen und Chancen hat auch den Schulsport erfasst. In ihrem Gefolge ist vor allem die gesundheitliche Aufgabe des Schulsports erneut verstärkt in den Blick gerückt. Und das nicht ohne Grund! Die Folgen zivilisationsbedingter Bewegungsarmut sind nicht nur bei Erwachsenen (Bluthochdruck, Arteriosklerose, Herzinfarkt), sondern in verstärktem Maße auch bei Kindern und Jugendlichen feststellbar; die körperliche Belastungsfähigkeit unserer Jugend „ist in einem erschreckend schlechten Zustand" (HILDENBRANDT 1981, 13).

Muskel- und Haltungsschwäche sowie Haltungsfehler sind die Folge zunehmender Inaktivitätsatrophie der Muskulatur, leistungsschwaches „Zivilisationsherz", Kreislaufschwäche und Mangelkapillarisierung der Beweis für ungenügende Bewegungsanforderungen des Organismus. Neben Bewegungs- und Stützapparat, Herz-Kreislauf-Atmungssystem und Stoffwechsel ist auch das vegetative Nervensystem mit Erscheinungsweisen wie schnelle Ermüdbarkeit, Konzentrations- und Schlafstörungen, Anfälligkeit für Erkältungskrankheiten und anderes betroffen.

Grund für den Bewegungsmangel sind die Bequemlichkeiten und „Zwänge" des zivilisierten Lebens wie z.B. Auto, Fernsehen, Video, zu denen sich jetzt auch noch der Computer gesellt hat. Aber auch die Schule steuert mit ihrem traditionellen Sitzzwang einen erheblichen Teil dazu bei.

➤ *Die gesundheitliche Aufgabe ernst nehmen*

Die gesundheitliche Aufgabe ernst nehmen heißt, der „konstitutionellen Verkümmerung" (SCHERER 1982, 148) entgegenzutreten. Denn der Mensch ist „an physische Bequemlichkeit nicht angepasst und auch nicht anpassungsfähig" (HILDENBRANDT 1981, 13). Im Gegenteil: Die optimale Entwicklung des Menschen bedarf eines ausreichenden Maßes an Bewegungsreizen zur Realisierung „der genetisch determinierten Wachstumspotenz" (FREY 1981, 34). Wo diese ausbleiben, verkümmern anlagebedingte Fähigkeiten.

Die Verantwortung des Schulsports für die Entwicklung steht hier außer Frage. Denn keine Bewegungsanforderung ist so wirkungsvoll wie die, „die während des Wachstums gestellt wird" (SCHERER 1982, 147); und wo anders als im Schulsport sollten die notwendigen Bewegungsanreize für alle diejenigen gesetzt werden, die bis dahin keinem außerschulischen Sport nachgehen.

➢ *Die Ausdauerleistungsfähigkeit ist der gesundheitlich wesentlichste Faktor.*

Aus präventiv-gesundheitlicher Sicht spielt die im Schulsport traditionell bevorzugte Vermittlung von Fertigkeiten, koordinativen Fähigkeiten, Schnelligkeit und Kraft nur eine untergeordnete Rolle. Von ganz besonderer Bedeutung ist dagegen die Verbesserung der Ausdauerleistungsfähigkeit, genauer: der allgemeinen aeroben Ausdauer. Ausdauerleistungen haben bei richtiger Dosierung einen direkten positiven Einfluss auf den gesamten Organismus und auf alle Faktoren, die für eine Stabilisierung und Förderung der allgemeinen Gesundheit notwendig sind. Eine besonders effektive Möglichkeit des Ausdauertrainings ist der Ausdauerlauf, dem ein so wirksamer Schutz gegen die Bewegungsmangelkrankheiten für alle Altersstufen nachgesagt wird, dass er sogar als „Zauberformel" (v. AACKEN) beschworen wird. Wegen der guten Dosierungsmöglichkeiten wird der Ausdauerlauf auch günstiger beurteilt als andere „Kreislaufsportarten" wie z.B. Schwimmen und Radfahren (vgl. JUNG 1984, 42f.).

➢ *Bedenken und Vorurteile abbauen*

Der positiven Bewertung des Ausdauerlaufs durch Sportmediziner steht eine Reihe von Bedenken und Vorurteilen gegenüber. Sportlehrer erheben Bedenken, weil „die Entwicklung und Stabilisierung der Ausdauerleistungsfähigkeit ... eine einseitige Gewichtung des Sportunterrichts bedeuten" (SCHERER 1962, 145) könnte. Hartnäckig hält sich gegen alle Sachargumente der Mediziner und erfahrenen Praktiker die Meinung, dass Kinder und Jugendliche für Ausdauerleistungen völlig ungeeignet seien, und die Vorstellung, dass Ausdauerlaufen etwas Selbstquälerisches, Schmerzhaftes sei, das nur der betreiben könne, der ohnehin über eine gute Kondition verfüge.

Auch für Schulpolitiker haben Ausdauerleistungen im Schulsport keine besondere Bedeutung. In Richtlinien und Lehrplänen ist das Dauerlaufen immer noch nur ein Randthema. Groß ist die Zahl von Eltern und Lehrern, die mit dem Ausdauerlauf von Kindern die Vorstellung einer Überforderung verbinden. Neuere medizinische Erkenntnisse beweisen jedoch, dass das Herz-Kreislauf-System des heranwachsenden Organismus nicht schonungsbedürftig ist, dass im Gegenteil gerade während des Wachstums die richtig gesetzte Ausdauerbelastung die größte und nachhaltigste Wirkung auf die körperliche Entwicklung hat.

➢ *Kinder und Jugendliche sind voll adaptationsfähig.*

Die Meinung zum Langlaufsport mit Kindern hat sich aus sportmedizinischer Sicht in den letzten Jahren geradezu umgekehrt. Zwar besitzen Kinder nur sehr geringe Fähigkeiten zur anaeroben Energiebereitstellung und Laktatbildung; für aerobe Ausdauerbelastungen jedoch gelten sie wegen des hohen Anteils aerober Enzyme, ihres geringen Körpergewichts und relativ großen Herzens als geradezu prädestiniert (vgl. LENNARTZ 1979, WEINECK 1986 und 1994). Der Ausdauerlauf erweist sich damit auch für Kinder und Jugendliche als ausgezeichnete Möglichkeit, der Bewegungsarmut unserer Zeit wirksam zu begegnen.

➢ *Die Möglichkeiten realistisch einschätzen*

Der Schulsport hat die Chance, langfristig über Jahre hinweg biologisch im Sinne der Prävention und Kompensation einzuwirken. Allerdings müssen seine Möglichkeiten realistisch eingeschätzt werden. Bei den pädagogischen und organisatorischen Vorgaben, dem geringen zeitlichen Umfang bei einem insgesamt vielfältigen Inhaltskanon liegt der Schwerpunkt allenfalls bei Entwicklungsreizen, nicht bei Trainingsreizen mit Anpassungserscheinungen im Herz- Kreislauf-System. Realistisches Ziel ist jedoch die Vermittlung einer allgemeinen Handlungsfähigkeit mit der Bereitschaft zur Anstrengung bei länger dauernden Laufleistungen als Grundstein für ein positives Bewegungsverhalten im und außerhalb des Schulsports.

Physiologische Grundlagen des Ausdauerlaufs

Die folgende Darstellung physiologischer Grundlagen des Ausdauerlaufs beschränkt sich auf für die Anfängerausbildung wissenswerte Details. Für ein intensives Studium dieses Gegenstandes wird auf die sehr umfangreiche und zum Teil ausgezeichnete Literatur verwiesen, für die Bezugspunkte Schulsport und Training mit Kindern und Jugendlichen insbesondere auf die Werke von FREY (1981 und 1995) und WEINECK (1986).

Aerobe Belastung - anaerobe Belastung

Entscheidend für eine gesundheitliche Wirkung des Ausdauerlaufs ist die Art der Belastung, Voraussetzung für die richtige Handhabung die Kenntnis des Zusammenhanges von äußerer und innerer Belastung. Die äußere Belastung ist im Wesentlichen gekennzeichnet durch das Lauftempo (Intensität der Belastung), die innere durch die Art der Energiebereitstellung, um die geforderte Leistung zu erfüllen.

Für die Energiegewinnung benötigt der Körper Sauerstoff. Atem- und Pulsfrequenz werden deshalb zu Beginn einer Belastung in dem Maße erhöht, wie Sauerstoff für den Verbrennungsprozess zur Energiegewinnung erforderlich ist. Reicht das Sauerstoffangebot aus dem arteriellen Blut zur Deckung des Energiebedarfs aus, so spricht man von aerober Belastung: Sauerstoffaufnahme und Sauerstoffverbrauch stehen im Gleichgewicht. Reicht das Sauerstoffangebot jedoch nicht aus, und ist der Verbrennungsprozess unvollständig, so spricht man von anaerober Belastung. Bei anaerober Belastung entstehen zunehmend Rückstandsstoffe, insbesondere Milchsäure (Laktat), die zur Ermüdung und bei hoher Konzentration sogar zur Einstellung der Muskelfunktion führen.

Die gesundheitlich wirksame Belastung ist die aerobe. Sie kann im Gegensatz zur anaeroben Belastung über lange Zeit aufrechterhalten werden. Eine Dauerbelastung wie ein Dauerlauf kann nur bei aerober Energiegewinnung geleistet werden, d.h. wenn das Lauftempo in gewissen Grenzen gehalten wird.

Der aerob-ausdauerwirksame Belastungsbereich

Kontinuierliches Dauerlaufen verbessert die gesundheitlich wirksame Kapazität, das geschieht jedoch nur bei überschwelligem Reiz und unterhalb einer bestimmten Belastungsgrenze, bei deren Überschreiten vorwiegend die anaeroben Mechanismen der Energiebereitstellung angesprochen werden.

Der Minimalreiz aerob-ausdauerwirksamer Belastung liegt bei Erwachsenen bei einer Herzfrequenz von etwa 130/140 Schlägen pro Minute, bei Kindern und Jugendlichen bei etwa 150/160 Schlägen pro Minute. Die „aerobe Schwelle" kennzeichnet die ausdauerwirksame Belastungsreize im extensiven, leicht überschwelligen Bereich. Sie liegt bei einer Laktatkonzentration von 2 mmol Laktat pro Liter Blut (vgl. FORGO 1983, 61). Laktatproduktion und Laktatabbau halten sich bei dieser Konzentration die Waage. Ausdauertraining im Bereich der aeroben Schwelle ist besonders effektiv zur Verbesserung von Herz-Kreislauf-Parametern, für Prävention und Rehabilitation.

Der Maximalreiz aerob-ausdauerwirksamer Belastung liegt im Bereich der „aerob-anaeroben" oder „anaeroben Schwelle" (vgl. DE MARÉES 1984, 91/92). Sie repräsentiert den Belastungsbereich, bei dem vom Organismus gerade so viel mehr Energie benötigt wird, wie auf aerobem Wege bereitgestellt werden kann, dass die Laktatkonzentration im Blut konstant bei 4 mmol pro Liter Blut liegt. Durch die angefallene Laktatkonzentration werden „die aeroben Energiebereitstellungsmechanismen überschwellig optimal belastet ... und ... ihre Leistungsfähigkeit entsprechend vergrößert" (DE MARÉES 1984, 91/92).

Je nach Trainingszustand liegt die anaerobe Schwelle bei einer Pulsfrequenz von 150 Schlägen pro Minute beim untrainierten Erwachsenen bzw. einer „mittleren Herzfrequenz von 174 Schlägen pro Minute" (WEINECK 1983, 62) beim trainierten. Bei Kindern und Jugendlichen sind Werte von 170 Schlägen pro Minute bei untrainierten und 180/190 Schlägen pro Minute bei trainierten belastungsbegrenzend. Der Ausdauertrainierte kann in diesem Schwellenbereich mehr als 80% seiner Leistungsfähigkeit aerob erbringen (vgl. DE MARÉES 1984, 91/92), während es beim Untrainierten nur 60 - 70 % sind.

Die aerob-ausdauerwirksamen Belastungswerte liegen bei Kindern und Jugendlichen demnach innerhalb einer Pulsfrequenzspanne von etwa 150 bis 180/190 Schlägen pro Minute. Für ein Ausdauertraining empfehlen sich je nach Trainingszustand Belastungswerte im unteren bis mittleren Bereich für den Untrainierten bzw. im oberen Bereich für den Trainierten. Die optimale Trainingsherzfrequenz kann annähernd nach der Faustregel „180 minus Lebensalter in Jahren" für den Untrainierten und „200 minus Lebensalter in Jahren" für den Trainierten berechnet werden.

Abhängigkeit des Trainingserfolgs von Dauer und Häufigkeit der Belastung

Für die Effektivität eines Ausdauertrainings spielt nicht nur die Intensität des Reizes, sondern auch die Dauer seines Einwirkens und die Häufigkeit der Belastung eine entscheidende Rolle. Sind die Belastungsreize nur kurz und „ist der Abstand zwischen den einzelnen Trainingsreizen zu groß, dann verlieren sich die „Spuren" gesetzter Reize wieder" (WEINECK 1983, 17). Eine Verbesserung der Ausdauerleistungsfähigkeit bedarf der Beachtung aller drei Faktoren: Intensität, Dauer und Häufigkeit.

Dauer und Häufigkeit sind allerdings nicht gleichwertig. Ein einmaliges Training pro Woche von langer Dauer hat einen nicht so hohen Effekt wie mehrmalige kurze Belastungen von gleicher Gesamtdauer (vgl. WEINECK 1983, 149). Für ein gesundheitsorientiertes, präventives Training sollte die Trainingshäufigkeit zwei Trainingseinheiten pro Woche mit jeweils 10- bis 20minütigen Ausdauerbelastungen nicht unterschreiten (vgl. WEINECK 1983, 51). Zweimaliges Belasten von diesem Umfang hat bei Kindern, Jugendlichen und Erwachsenen positive Wirkungen, die jedoch eher beim Minimum als beim Optimum liegen. Um einen günstigeren Effekt zu erzielen, sollte man vor allem versuchen, die Trainingshäufigkeit zu erhöhen. Optimal ist eine dreimalige Belastung von 30 bis 40 Minuten Dauer pro Woche.

Ausdauerleistungsfähigkeit des kindlichen / jugendlichen Organismus

Kinder haben einen den Belastungspuls stark beeinflussenden Ruhepuls von 80/90 Schlägen pro Minute. Da der kindliche Organismus auf Belastung vor allem mit einer Steigerung der Herzfrequenz reagiert (Erwachsene reagieren mit einer Steigerung des Schlagvolumens), sind Belastungswerte von 200 Schlägen pro Minute und mehr keine Seltenheit. Hier liegt einer der wesentlichen Gründe, warum man Kinder lange Zeit für Ausdauerleistungen für ungeeignet hielt.

Sportmedizinische Befunde der jüngeren Zeit gestatten inzwischen jedoch eine differenziertere Betrachtungsweise. Danach gilt es als erwiesen, dass es aus biologischer und medizinischer Sicht keine Anhaltspunkte für eine Begrenzung der Belastbarkeit des Kindes hinsichtlich seiner aeroben Ausdauer gibt. Wegen eines höheren Anteils an oxydativen Enzymen und einer größeren Anzahl von Mitochondrien als Ort der aeroben Energiebereitstellung (vgl. KEUL 1982, WEINECK 1983) besitzt das Kind sogar eine größere Fähigkeit für oxydative Stoffwechselvorgänge als der Erwachsene. Deutlich eingeschränkt ist jedoch seine Fähigkeit zur anaeroben Energiegewinnung, weil das Kind kein nennenswertes 0_2 -Defizit eingehen kann.

Mit anderen Worten: Kinder sind für länger dauernde Belastungen besser geeignet als für intensive von kurzer oder mittlerer Dauer. Diese Erkenntnis steht im Widerspruch zu der noch immer üblichen Praxis, bei schulischen Laufwettbewerben als „lange“ Strecken „anaerobe“ Strecken zwischen 600m und 1000m anzubieten, mit dem Erfolg, dass Kinder schnell an die Obergrenze ihrer physischen Belastbarkeit und oft sogar bis zur völligen Erschöpfung geführt werden.

Anpassungsfähigkeit des kindlichen/jugendlichen Organismus

Die gesundheitliche Wirkung aerober Ausdauerbelastungen beruht auf einem ökonomisierenden und sauerstoffbedarfreduzierenden Effekt aller „jener Organe und Organsysteme, die an der Aufrechterhaltung der Leistung maßgeblich beteiligt sind“ (WEINECK 1983, 96). Kinder und Jugendliche zeigen prinzipiell die gleichen Anpassungserscheinungen wie Erwachsene. Schon bei regelmäßigen Belastungen im unteren Schwellenbereich (etwa 150 Schläge pro Minute) adaptiert der kindliche Organismus mit einer Senkung des Ruhepulses und bei größeren Umfängen auch mit einer Vergrößerung des Herzvolumens. Bei Trainingsbelastungen im Bereich der „anaeroben Schwelle“ äußern sich die Anpassungserscheinungen „in Form eines größeren 0_2-Aufnahmevermögens, eines besseren

O_2-Pulses, eines größeren Herzvolumens und vor allem einer besseren peripheren O_2 -Ausnutzung" (FREY 1981, 138).

Uneinigkeit besteht allerdings bei der Antwort auf die Frage, von welchem Alter an mit Adaptationen durch Ausdauertraining gerechnet werden kann. Während z.B. v. AAKEN (1974) und LENNARTZ (1979) Anpassungserscheinungen schon bei hochleistungssporttreibenden 8- bis 10-Jährigen feststellten, konnten SCHMÜCKER/HOLLMANN (1973) bei Kindern bis zum 10. Lebensjahr einen Trainingseffekt nicht bestätigen. 8- bis 10jährige Kinder sind auf aerobe Ausdauer zwar „ohne weiteres belastbar, wenn auch wahrscheinlich nicht (sehr lohnend) trainierbar" (FREY 1981, 200).

Als gesichert gilt jedoch die Adaptationsfähigkeit vom 10. Lebensjahr an und dann verstärkt mit Beginn der Pubertät. Im Wachstumsalter von 12 bis 15 Jahren reagiert das Kreislaufsystem so ausgeprägt wie in keinem anderen Lebensabschnitt. In diesem Alter liegt der „Höhepunkt der biologischen Anpassungsfähigkeit des menschlichen Organismus" (FREY 1981, 199).

Ausdauerlauf im Sportunterricht der Schule

Die Rahmenbedingungen des Schulsports mit umfangreichen inhaltlichen und begrenzten organisatorischen Vorgaben bieten kein besonders geeignetes Feld für gesundheits- und entwicklungsfördernde Reize oder gar trainingswirksame Anpassungserscheinungen. Eine Erfüllung der Minimalforderungen, zwei bis dreimal pro Woche eine mindestens 10minütige überschwellige Ausdauerbelastung anzubieten, ist bei zwei bis drei Sportstunden möglich, bedarf allerdings einer sehr genauen Planung hinsichtlich der Programme, der Regelmäßigkeit und Langfristigkeit.

Andererseits bietet sich der Ausdauerlauf als Baustein für eine solche Planung geradezu an. Laufen ist „eine der am einfachsten zu realisierenden motorischen Aktivitäten" (WEICHERT 1980, 32) und deshalb auch von den schwächeren Schülern ohne eine technische Vorbereitung sofort in begrenztem Maße ausführbar. Koordinative Schwierigkeiten sind nicht zu erwarten. Langlaufen ist darüber hinaus Sport mit einfachsten Mitteln. Man braucht keine aufwendigen Geräte und keine großzügigen Anlagen. Ausdauerlaufen ist in fast beliebiger Umgebung und in jedem Schulgelände durchführbar und dort auch erheblich reizvoller als unter genormten Bedingungen.

Ausdauerbelastungen schaffen eine „breite konditionelle Grundlage für sportliche Bewegungshandlungen überhaupt" (FREY 1981, 19). Durch Fortschritte in der Ausdauerleistungsfähigkeit sind bei dem noch geringen Ausgangsniveau im Kindes- und Jugendalter Auswirkungen auch „auf andere physische Leistungsfaktoren wie Schnelligkeit, Kraft, Kraftausdauer und Gesundheit" (WEINECK 1983, 97) zu erwarten.

Eine besondere Verantwortung des Schulsports liegt darin begründet, dass hier alle Kinder und Jugendlichen erfasst werden, auch diejenigen, die keinem außerschulischen Sport nachgehen. Die Minimalanforderungen und darüber hinaus Gehendes zu erreichen, wird im und durch Schulsport jedoch nur dann gelingen, wenn die Weichen für eine persönliche Handlungsfähigkeit des Schülers mit einer Reichweite auch über die Schule hinaus gestellt werden können. Eine derartige Handlungsfähigkeit ist nicht nur das Ergebnis wünschenswerter Trainingsbelastungen, sie setzt vielmehr (auch schon bei den „Kleinen") eine Reihe von Erfahrungen und Kenntnissen voraus, die das didaktische Feld der Auseinandersetzung mit dem Ausdauerlauf abstecken. Im Einzelnen hält der Autor die im Folgenden herausgehobenen Zielsetzungen für notwendig:

➢ *Grunderfahrungen körperlicher Belastung und der mit ihnen verbundenen psychischen Befindlichkeiten vermitteln*

Ausdauerlaufen ist mit intensiven und vielfältigen Körpererfahrungen verbunden und wie kaum ein anderer Inhalt geeignet, „körperlich-authentische Grunderfahrungen" (GRUPE 1976, FUNKE 1980) und mit ihnen verbundene psychische Befindlichkeiten zu vermitteln. Erwärmung und Schwitzen, Leichtigkeit und Anstrengung, Ermüdung und Entspannung, aber auch Lust und Unlust, Überwindung und Befriedigung sind solche Bausteine, die Kinder und Jugendliche für eine störungsfreie Entwicklung (vgl. GRUPE 1976, 450) benötigen. Sie sind nicht austauschbar, „nur über Eigenaktivität" (GRUPE 1976, 450) und nicht aus zweiter Hand zu erwerben.

➢ *Ein ökonomisches Laufverhalten entwickeln*

Der Schüler kennt leichtathletisches Laufen bis dahin fast ausschließlich als Sprint. Damit verbunden sind die Zielsetzungen, maximales Tempo zu laufen, die Strecke in der kürzest möglichen Zeit zu bewältigen und das Ziel möglichst als Erster zu erreichen. Auch wenn längere Strecken oder ein längeres Einlaufen verlangt werden, setzt sich dieses Verhalten immer wieder durch. Mit Zwischenspurts und einem fast bis zur Erschöpfung führenden Endspurt werden die Konkurrenzen untereinander ausgetragen.

Voraussetzung für die Bewältigung längerer Strecken und die damit verbundene Wirksamkeit aerober Ausdauerbelastungen ist ein geradezu entgegengesetztes Laufverhalten. Die bis dahin vorherrschende Schnelligkeit hat in diesem Zusammenhang gar keine Bedeutung mehr. „Tempo tötet“ (v. AAKEN) und ist der angestrebten aeroben Belastung deshalb abträglich. Ökonomisch laufen heißt langsam und gleichmäßig im Gleichgewicht von Sauerstoffaufnahme und Sauerstoffverbrauch laufen. Denn nur so können längere und lange Distanzen ohne Erschöpfung bewältigt werden.

➢ *Die Bereitschaft zu länger dauernden Laufleistungen wecken und verbessern*

In engem Zusammenhang mit der Lauferfahrung steht die Laufbereitschaft. Kurze Strecken werden als reizvoll, Dauerläufe aber als anstrengend und beschwerlich empfunden. Wer die Bereitschaft für die langen Distanzen wecken will, steht damit vor einer nicht einfachen, aber keineswegs unlösbaren Aufgabe. Erfahrungsgemäß erzielt der Anfänger dadurch schnell Erfolge, dass die Laufkoordination verbessert und damit der Energieaufwand verringert wird. Das daraus resultierende Gefühl zunehmender Leichtigkeit ist eine gute Motivation. Das allein mag für Erwachsene schon reichen. Für Kinder und Jugendliche ist, und das gilt besonders für den Anfänger, der Zusammenhang mit einem spielerisch-abwechslungsreichen, kurzweiligen Angebot sicherzustellen. Interessante Aufgabenstellungen sind am ehesten geeignet, das Beschwerliche vergessen und eine Bereitschaft zu länger dauernden Belastungen wachsen zu lassen.

➢ *Die Lauflandschaft erweitern*

Der Schüler verbindet das Thema Laufen bis dahin mit einer eigens dafür hergerichteten Laufbahn. Gelaufen wird in exakt eingemessenen Bahnen, bei längeren Strecken auf der Rundbahn und nach Vorschrift links herum. All das ist beim Ausdauerlauf nicht notwendig. Das Laufen ist auf dem Rasen interessanter als auf der Rundbahn, im Schulgelände reizvoller als auf dem Sportplatz und in der freien Natur ein besonderes Erlebnis. Diese Erfahrung ist deshalb so wertvoll, weil sie den Schüler zu sportlicher Aktivität auch außerhalb der Schule qualifiziert. Ausdauerlauf bedarf keines organisatorisch-technischen Aufwandes, wie er für viele andere Sportarten notwendig ist und wie ihn im Allgemeinen nur die Schule und der Sportverein bereitstellen.

➢ *Entscheidungshilfen für richtiges Dauerlaufen vermitteln*

Schüler können sich leicht selbst trainieren, wenn man ihnen Entscheidungshilfen für richtiges Dauerlaufen vermittelt. Wer „seinen Puls messen kann und weiß, warum man ihn messen muss, und weiß, was die gemessenen Werte aussagen" (BRODTMANN 1980, 13), und wer weiß, dass man sich regelmäßig belasten muss, weil die Ausdauerleistungsfähigkeit nicht speicherbar ist, der ist genügend vorbereitet.

Der Erfolg bei der Vermittlung sportlicher Handlungs- und Entscheidungsfähigkeit wird um so größer sein, je mehr es gelingt, trainingsspezifisches Wissen nicht isoliert von der Praxis, sondern durch handelnde Auseinandersetzung im direkten Zusammenhang mit dem Dauerlaufen praxisnah zu vermitteln.

➢ *Den Einfluss von Ausdauerleistungen auf Gesundheit und Fitness bewusst machen*

Die grundlegende Schwierigkeit, das Thema „Sport und Gesundheit" im Rahmen des schulischen Sportunterrichts zu vertiefen, ist die Tatsache, dass Gesundheit im Allgemeinen kein akutes Problem für den Schüler ist. Kein Ansatz jedoch bietet bessere Möglichkeiten als der über das Dauerlaufen. Die Kenntnis der Gefahren des Bewegungsmangels und das Wissen um die gesundheitlich positive Wirkung von Laufausdauertraining sind wichtige Argumente, um die sportliche Betätigung vor allem in kreislaufférdernden Sportarten zu einer dauerhaften Lebensgewohnheit zu machen.

➢ *Sinnrichtungen des Laufens erweitern*

Vorherrschend erfahrene Sinnrichtung des Laufens ist die Zeitminimierung, d.h., der Schüler hat Laufen als eine sportliche Aktivität kennen gelernt, bei der es darum geht, eine vorgegebene Strecke in möglichst kurzer Zeit zu absolvieren. Ein langsam gleichmäßiges, ökonomisches Lauftempo ist mit einer solchen Leistungsorientierung nicht vereinbar. Der angestrebten aeroben Belastung angemessene Sinnrichtungen sind Zeitmaximierung und Streckenmaximierung, d.h., ein gleichmäßiges Tempo über eine immer längere Zeit bzw. eine immer längere Strecke durchzuhalten. Im Vordergrund steht deshalb zunächst die Absicht, die Sinnrichtungen des Laufens „umzupolen" (vgl. BRODTMANN 1981). Insgesamt geht es jedoch um eine Ergänzung und Erweiterung der Sinnorientierungen leichtathletischen Laufens. Denn auf der Basis einer allgemeinen Ausdauerleistungsfähigkeit ist ein zweigleisiges Angebot möglich, eines mit einer eher breitensportlich orientierten Ausrichtung (z.B. Joggermeile, Orientierungslauf[1], Duathlon[2], Biathlon[3]) und eines mit einer eher leistungssportlich orientierten Ausrichtung (z.B. Crosslauf, Bahnlauf, Straßenlauf).

Methodik des Ausdauerlaufs

Vermittlungsmodelle

Als Methode zur Vermittlung des Ausdauerlaufs für Kinder, Jugendliche und Erwachsene wird einheitlich das Intervalltraben empfohlen mit einem Wechsel von Trabphasen und Gehpausen. Da Untrainierte gegenüber Trainierten relativ schnell mit einer Erhöhung des Laktatspiegels im Blut und damit verbundener Laufbeschwernis reagieren, werden die Trabphasen zunächst kurz gehalten. Durch eine allmähliche Steigerung des Gesamtumfanges und eine planmäßige Verlängerung der Trabphasen gelingt es, die Laufleistungen zu verbessern. Es sind im Wesentlichen drei verschiedene Vorgehensweisen voneinander zu unterscheiden. Die Unterschiede sollen mit folgenden Symbolen verdeutlicht werden:

1 Minute gehen

1 Minute traben

1,2,3 Mit den Bezeichnungen Orientierungslauf, Duathlon und Biathlon soll lediglich verdeutlicht werden, dass das diese Sportarten bestimmende Prinzip übernommen wird. Die leistungssportliche Form ist nicht angestrebt.

1. Die Länge der Trabphasen und Gehpausen wird zur Mitte des Trainings hin gesteigert und nimmt dann allmählich wieder ab. Begonnen wird z.B. mit einer Trabphase von einer halben Minute und einer Gehpause von eineinhalb bis zwei Minuten. Die längste Trabphase in der Mitte des Trainings beträgt drei Minuten mit einer ebenso langen Pause. Im Fortgang des Trainings wird bei gleichem Aufbau die Trabphase in der Mitte allmählich verlängert (vgl. DLV- Arbeitsmappe Lauf-Treff 1982).

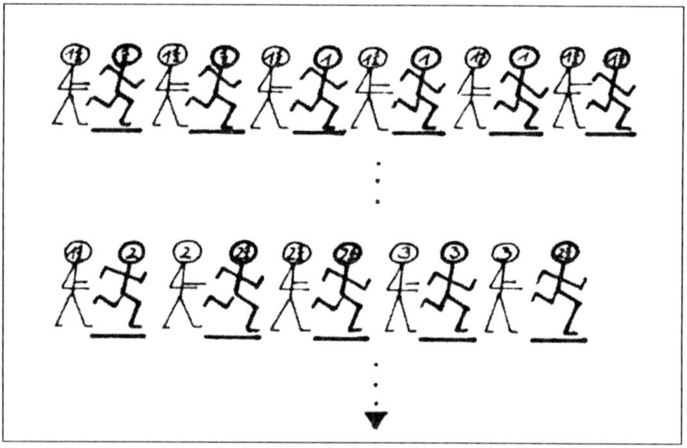

2. Die Trabphasen werden während des gesamten Trainings relativ konstant gehalten und von zweiminütigen Gehpausen unterbrochen. Begonnen wird z.B. mit einem zweiminütigen Wechsel von Traben und Gehen über eine Gesamtzeit von etwa 20 Minuten. Mit steigender Ausdauer werden die Trabphasen auf 3, 4, 5 usw. Minuten verlängert (vgl. WÖLLZENMÜLLER, 1982)

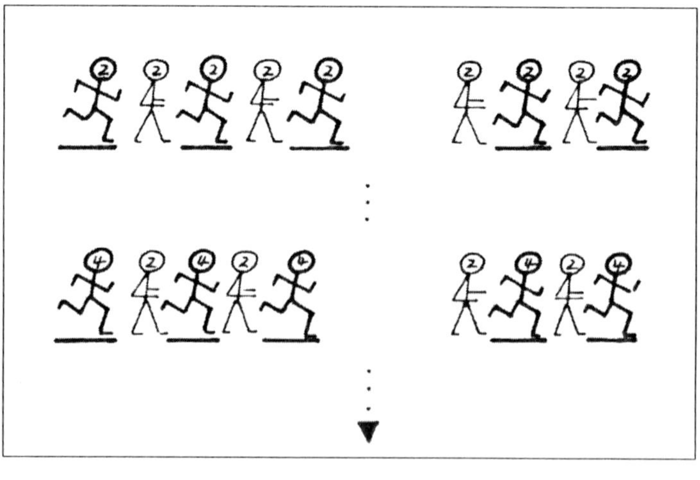

Die Gehpausen zwischen den Trabphasen werden auf eine Minute beschränkt. Durch die relativ kurze Erholungszeit zwischen den Trabphasen wird eine „lohnende Pause" (DIEM 1984, 106) erwartet, weil der Kreislauf noch nicht übermäßig zur Ruhe gekommen ist und „die nächste Belastungsphase von einer erhöhten Pulsfrequenz (einem erhöhten Sauerstoffangebot)" (DIEM 1984, 106) eingeleitet werden kann. Begonnen wird z.B. mit einem regelmäßigen Wechsel von zweiminütigen Trabphasen und einminütigen Gehpausen. Die kurzen Pausen gestatten zunächst auch nur kurze Trabphasen. Denn bei Anfängern relativ schnell anfallendes Laktat muss innerhalb dieser einen Minute abgebaut werden können.

Eine Steigerung der Ausdauerleistung wird durch allmähliche Verlängerung der Trabphasen erreicht. Allerdings wird Wert darauf gelegt, dass eventuell noch notwendige Gehpausen nicht gleichmäßig über die Gesamttrainingszeit verteilt, sondern wegen des notwendigen Laktatabbaus mehr nach vorne verlegt werden, „also viel früher als der Läufer wegen einer Ermüdung das Bedürfnis nach einer Pause verspürt" (DIEM 1984, 108).

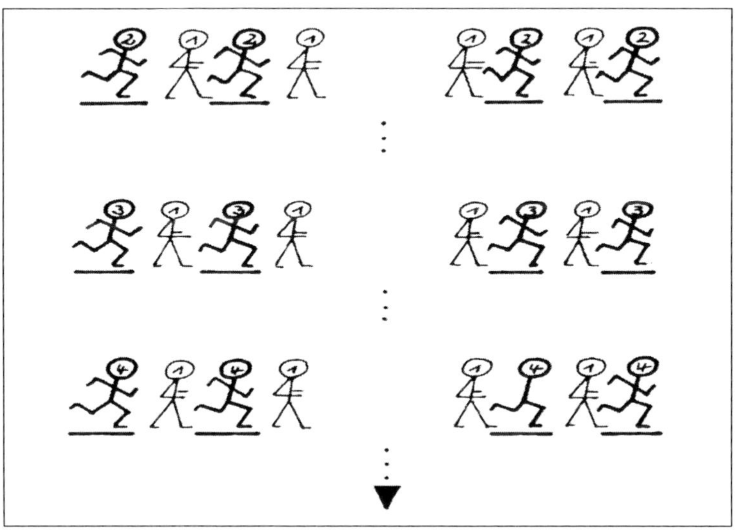

Schwerpunkte im methodischen Bereich

Die in allen Modellen geforderte Planmäßigkeit mit einem „sturen" Aneinanderreihen von Trabphasen und Gehpausen ist ein für Erwachsene angemessenes Vorgehen, mit Kindern und Jugendlichen ist es allenfalls vorübergehend oder in freiwilligen Lauftreffs möglich. Ein an pädagogischen Maßstäben ausgerichtetes Angebot im Schulsport wird sich kaum in ein solches Muster pressen lassen. Der Erfolg bei der Vermittlung von Ausdauerleistungsfähigkeit wird jedoch davon abhängen, ob es gelingt, die in den Modellen angesprochenen strukturellen Gesichtspunkte bei der Programmgestaltung zu berücksichtigen. Die wichtigsten Schwerpunkte im methodischen Bereich sind im Folgenden kurz zusammengefasst.

➢ *Mit Traben beginnen*

Zu Beginn müssen die Kinder ein zweites Mal laufen lernen. Ein Trabtempo wird zunächst nur dann gelingen, wenn der Lehrer mitläuft: „Keiner läuft schneller als ich!" Wenn keiner in Atemnot gerät und man sich einigermaßen mühelos unterhalten kann, ist das Tempo richtig gewählt. Eine angemessene Anfängergeschwindigkeit liegt bei etwa 7 km/h. In diesem ruhigen Tempo sollte der Lauf auch beendet werden. Ein Endspurt widerspricht der Zielsetzung.

➢ *Die Trabphasen allmählich verlängern*

Auch wenn es im Schulsport aus vielerlei Gründen nicht gelingen kann, die an eine Vermittlung der Ausdauerleistungsfähigkeit gestellten optimalen Belastungs- und Erholungszeiten zu erfüllen, sollte das Prinzip des Intervalltrabens eingehalten werden. Dauerbelastungen sind für den Anfänger ungewohnt. Er braucht die Pause vor allem aus psychologischen Gründen, weil die ungewohnte Belastung als unbequem empfunden wird, nicht weil er körperlich überfordert wäre. Zu lange Belastungsphasen schrecken zunächst genauso ab wie ein zu schnelles Lauftempo. Die Pausenlängen zwischen den Belastungsphasen wird vor allem davon abhängen, wie die Organisation des Unterrichts gelingt. Auf möglichst kurze Pausen sollte hingearbeitet, auf jeden Fall eine Zeit von drei Minuten nicht überschritten werden (vgl. DIEM 1984); das gilt auch für ein spielerisches Angebot und ist dann besonders im Auge zu behalten.

➢ *Die Belastung kontrollieren - Überforderungen erkennen*

Die Leistungs- und Belastungsfähigkeit ist von Kind zu Kind, von Jugendlichem zu Jugendlichem sehr unterschiedlich. Damit Überlastungen vermieden werden, sind Belastungskontrollen eine von Beginn an notwendige Maßnahme. Eine einfache, objektive Beurteilung der inneren Belastung ist durch Pulsmessung möglich. Die Herzschlagfrequenz gilt als sicheres Zeichen dafür, ob das Lauftempo richtig dosiert worden ist.

Wichtige Indikatoren sind der Belastungspuls und der Erholungspuls. Der Belastungspuls wird unmittelbar nach Ende der Belastung gemessen. Er sollte bei Anfängern nicht mehr als 180 Schläge pro Minute minus Lebensalter in Jahren betragen, bei Ausdauertrainierten verschiebt sich die Grenze nach oben zum Wert von 200 Schlägen pro Minute minus Lebensalter.

Wichtiger noch als die absolute Frequenzhöhe ist das schnelle Abklingen nach Beendigung der Laufbelastung. Der Erholungspulswert, der eine Minute nach der Belastung gemessen wird, sollte 30 bis 40 Punkte unter dem Belastungswert liegen. Kinder und Jugendliche mit sehr hohen Belastungswerten und nur geringen Erholungswerten sind besonders im Auge zu behalten, da bei ihnen eventuell Kreislaufschwächen, wenn nicht sogar Schäden vorliegen. Werden die Werte bei weiteren Messungen bestätigt, sollte auf jeden Fall der Arzt zu Rate gezogen werden.

Außer durch Pulsmessungen sind Überforderungen gegebenenfalls auch durch äußere Anzeichen zu erkennen, die eine Beobachtung des Schülerverhaltens nahe legen: Auffällige Atmung, starke Rötung, weißes Nase-Mund-Dreieck und unökonomische Laufbewegung sind erste Hinweise auf eine möglicherweise zu starke Belastung.

Aber auch das sollte man wissen: Der gesunde kindliche Organismus ist kaum zu überfordern. Eine hormonelle Schutzreaktion sorgt für eine „vorzeitige muskuläre Ermüdung" (KEUL u.a. 1982, 30). „Das Kind bricht die anstrengende Tätigkeit einfach ab - auch entgegen gelegentlichem Ehrgeiz" (SCHERER 1983, 85).

➢ *In Gruppen laufen*

Ausdauerlaufen fällt leichter, wenn die Aufmerksamkeit von der Anstrengung weggelenkt wird. Das ist u.a. der Fall, wenn mit anderen zusammen in Gruppen gelaufen wird, eine Erkenntnis, die sich die vielen Lauftreffs zu Eigen gemacht haben. Gemeinsames Laufen bedeutet Kontakt, Geselligkeit und Gespräch. Wer die Gruppe zerreißen lässt, verdirbt genau denen die Freude am Dauerlaufen, auf die es besonders ankommt: den Leistungsschwächeren. Besonders günstig sind deshalb Aufgabenstellungen, die eine gemeinsame Lösung verlangen. Im Fortgang des Trainings erlaubt die Bildung homogener Gruppen eine je nach Leistungsstand optimale Förderung.

➢ *Das Angebot interessant und abwechslungsreich gestalten*

Ausdauerlaufen ist für den Anfänger beschwerlich. Es als „ungewöhnlich reizvoll zu erleben, dass man mit den eigenen körperlichen Kräften eine längere Strecke zurücklegen kann" (DLV-Arbeitsmappe Lauf-Treff, 3/4), ist eher den Erwachsenen vorbehalten. Für Kinder und Jugendliche muss das Angebot interessant und abwechslungsreich sein.

Kleine Anreize sind schon die variable Streckenführung und die abwechslungsreiche Laufumgebung. Das Schulgelände ist interessanter als der Sportplatz, der Laufparcours wird eher angenommen als die Rundbahn im Stadion. Am besten gelingt es jedoch, die Belastung vergessen zu lassen, wenn man das Kindgemäß-Spielerische in den Mittelpunkt stellt. Die Schwierigkeit besteht allerdings darin, gerade solche Formen zu finden, bei denen es um eine spielerische Gestaltung des Dauerlaufens und nicht des sonst üblichen „Rennens" geht.

➢ *Richtiges Dauerlaufen bewusst machen*

Der praktische Unterricht bietet immer wieder Möglichkeiten, die Schüler bewusst zu beteiligen. Dazu gehört das rein Technische der Pulsmessungen (Wie und wo wird der Puls gemessen?), die Unterscheidung der Pulsarten (Ruhepuls, Belastungspuls, Erholungspuls) sowie die Auseinandersetzung mit den Fragen „Warum wird der Puls gemessen?" und „Was sagen die gemessenen Werte aus?". Dazu gehören Merksätze für richtiges Dauerlaufen, wie z.B. „Das Tempo ist dann richtig gewählt, wenn man sich beim Laufen noch unterhalten kann!" oder „Ein gleichmäßiges Tempo über eine längere Zeit durchhalten, ist wichtig, unwichtig ist, wer erster wird." Schließlich sollte immer die Chance gesucht werden, Einsichten in die gesundheitlichen Wirkungen des Ausdauerlaufs zu vermitteln. Die Frage „Wie kann man sich selbst trainieren?" erschließt manchem den Ausdauerlauf auch außerhalb der Schule und ist ein wichtiger Schritt auf dem Wege zu stabilen gesundheitsorientierten Werthaltungen.

Bewusstheit und Werthaltungen sind auch von besonderem Interesse, wenn es um die Ernährung geht. Es gibt wohl keine Sportdisziplin, die besser geeignet wäre, mit Schülern über Grundlagen der Ernährung und ihre Auswirkungen auf die körperliche Leistungsfähigkeit zu sprechen, als der Ausdauerlauf.

➢ *Wettkämpfe anbieten*

Wettkämpfe sind im Sport wie das Salz in der Suppe. So wie Spielturniere am Ende von Spieleinheiten stehen, so sollten Laufeinheiten mit Laufwettbewerben abgeschlossen werden. Aus dem großen Angebot von einerseits breitensportlich orientierten Wettbewerben wie der „Joggermeile“ über den Orientierungslauf und den Biathlon bis hin zum leistungssportlich orientierten Crosslauf auf der anderen Seite lassen sich Programme so zusammenstellen, dass jeder Schüler ein seinem Leistungsvermögen und seiner Motivation entsprechendes Angebot erhält. Zur Auflage sollte lediglich gemacht werden, dass die Teilnahme an einem der angebotenen Wettkämpfe verpflichtend ist.

Laufwettbewerbe können für die Klasse, für den Jahrgang und auch für die gesamte Schule ausgeschrieben werden. Regelmäßige, z.B. halbjährliche Veranstaltungen sind bestens geeignet, der Laufausbildung ein erstrebenswertes Ziel zu setzen, die Motivation für ein regelmäßiges Lauftraining zu steigern sowie den Langlauf stärker in das Bewusstsein der Schüler zu heben.

Dehnungsgymnastik als Ergänzungsprogramm

Was für den Kreislauf nicht hoch genug eingeschätzt werden kann, muss aus anderer Sicht mit einem kritischen Auge betrachtet werden: Dauerlaufen ist eine für den Bewegungsapparat einseitige Belastung. Die Probleme liegen im orthopädischen Bereich. Wer den Weg zum Ausdauerlaufen gefunden hat, der sollte auch ein gezieltes Ausgleichsprogramm einplanen. Hierfür hat sich die Dehnungsgymnastik und hier das Stretching besonders bewährt. Dehnungsgymnastik eignet sich für das Aufwärmprogramm, noch besser jedoch zum Abwärmen nach Beendigung der Ausdauerbelastung. Dehnungsgymnastik dient nachhaltig der Verbesserung der Bewegungsfreiheit der Gelenke, der Erhaltung der Dehnfähigkeit der Muskulatur, ist Ausgleich gegen einseitige Belastung, dient der Erholungs- und Entspannungsfähigkeit sowie der Vermeidung von Verletzungen und Beschwerden.

Für die Durchführung der Dehnungsgymnastik mit Stretching werden im Wesentlichen zwei verschiedene Methoden empfohlen:

1. Permanentes Dehnen

Beim permanenten Dehnen werden die Dehnpositionen langsam ziehend eingenommen und etwa 10 bis 30 Sekunden gehalten. Es wird zunächst nur leicht bis zur Endstellung und dann millimeterweise weitergedehnt (vgl. ANDERSON 1982).

2. *Anspannen - Entspannen - Dehnen*

Bei dieser Methode wird die zu dehnende Muskulatur zunächst gegen einen unverrückbaren Gegenstand mit größter Kraft angespannt (isometrische Kontraktion) und dann nach einer kurzen Entspannung die Dehnposition eingenommen.

Nach SÖLVEBORN (1983, 11) sollten Anspannungs- und Dehnungszeit etwa gleich lang sein und 10 bis 30 Sekunden betragen.

Als Orientierungshilfe dafür, wie weit eine Dehnposition eingenommen werden soll, dient bei beiden Methoden die Schmerzschwelle, die „allmählich erreicht, jedoch nicht überschritten werden“ (MAEHL 1986, 80) soll.

Eine Überlegenheit von einer der beiden Methoden ist bis dahin nicht nachgewiesen worden. Die Darstellung der Dehnungsübungen wird deshalb im Folgenden so gewählt, dass sowohl das permanente Dehnen als auch das Anspannen-Entspannen-Dehnen durchgeführt werden kann. Aus der Vielzahl von Dehnübungen sollen hier nur die vorgestellt werden, die im Stand und damit überall und zu jeder Jahreszeit durchgeführt werden können. Die jeweils größere Darstellung zeigt die Dehnposition, die kleinere im Kästchen die zugeordnete Anspannungsübung. Die schwerpunktmäßig betroffene Muskulatur ist jeweils schwarz kenntlich gemacht.

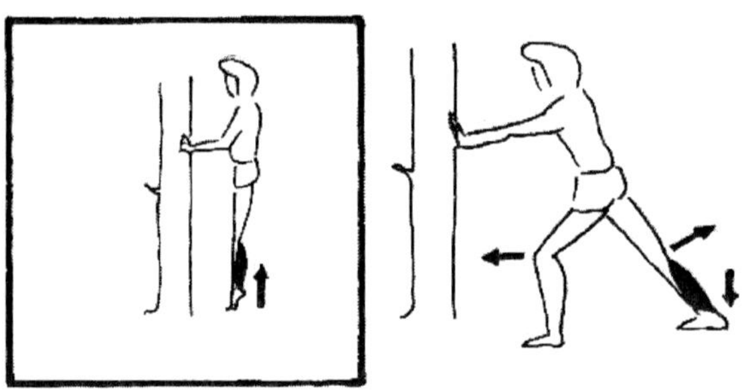

Hintere Unterschenkelmuskulatur

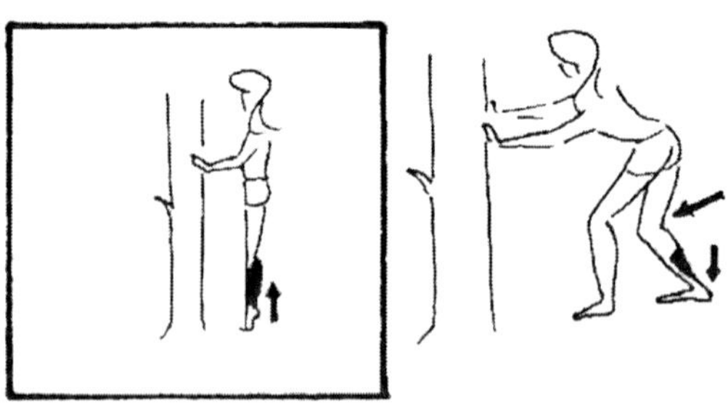

Hintere Unterschenkelmuskulatur

Hintere
Oberschenkel-
muskulatur

Seitliche Rumpf-
muskulatur

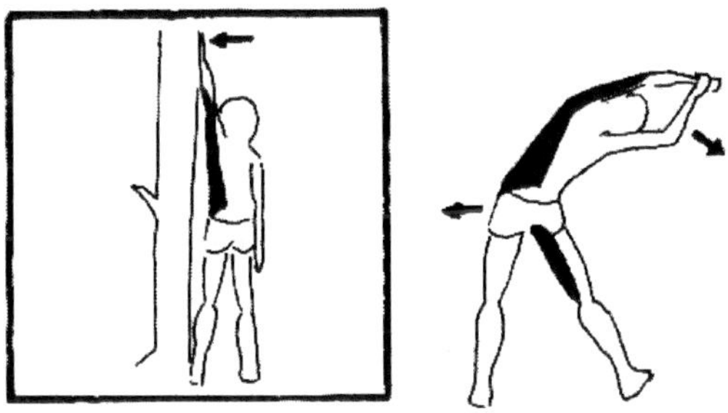

Schultermuskulatur
und
Armstrecker

Vordere
Oberschenkel-
muskulatur

Seitliche
Rumpfmuskulatur,
innenseitliche
Beinmuskulatur
und
innere Hüftmuskulatur

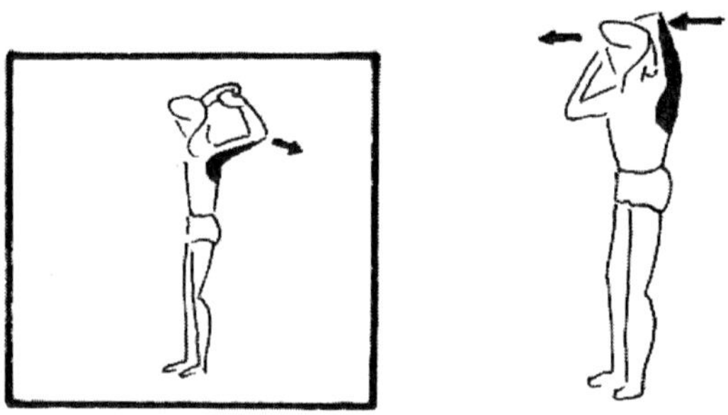

Schultermuskulatur
und Armstrecker

Hintere
Beinmuskulatur

Vordere
Oberschenkel-
und Hüftmuskulatur

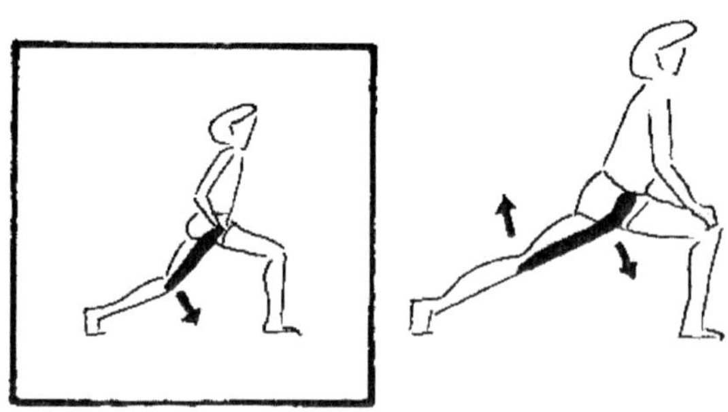

Rücken-, Schulter- und Brustmuskulatur

Innenseitliche Oberschenkel-muskulatur

Brustmuskulatur

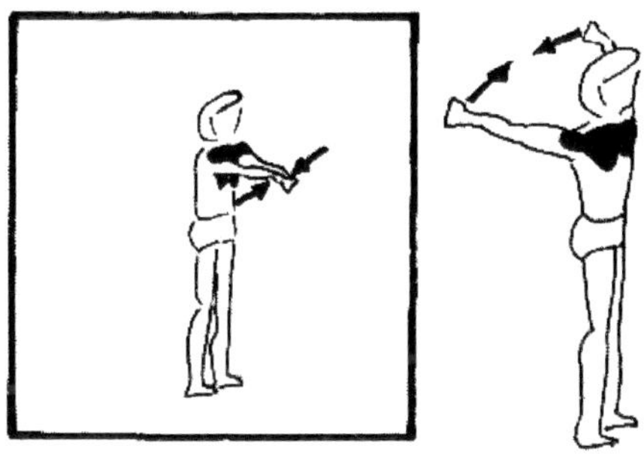

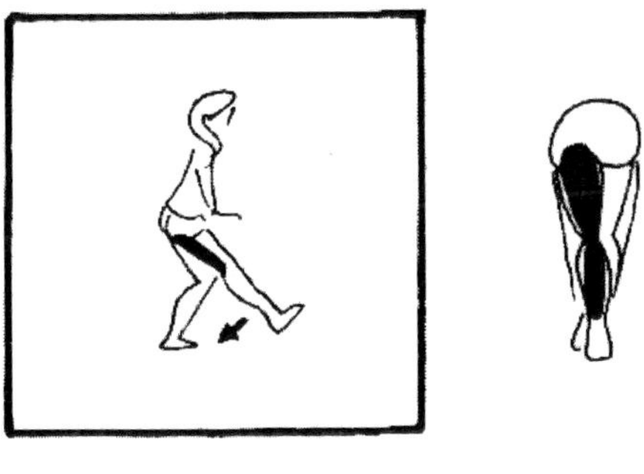

Hintere Beinmuskulatur

Schulter-,
Oberarm-
und
Brustmuskulatur

Für jede Dehnposition gilt:

- *Dehnposition langsam und jeweils nur bis zur Schmerzschwelle einnehmen*
- *Dehnposition bei millimeterweisem Weiterdehnen 10 bis 30 Sekunden halten*
- *Dehnposition langsam wieder auflösen*

Dehnungsgymnastik eignet sich wegen der langen Haltepositionen sehr gut dafür, die Schüler für ihre Beweglichkeit zu sensibilisieren. Verspannungen sowie fehlende Beweglichkeit bei einigen Übungen werden bewusst erlebt, wie auch die Zunahme an Beweglichkeit und die Entspannung der Muskulatur nach längerer Dehnungszeit erfahren werden. Eine regelmäßige Anwendung ist deshalb zu empfehlen.

Praktisch-methodische Vorschläge zur Vermittlung des Ausdauerlaufs

---

Lernziel: „Pulsen"

Trotz bestehender Bedenken gegenüber der Genauigkeit sind Pulsmessungen in der Praxis des Ausdauertrainings unentbehrlich. Sie sind zu jeder Zeit und an jedem Ort durchführbar und damit das einzige praktikable Mittel der Ermittlung von Belastungswerten.

Bei der Vermittlung des Pulsens wird ein doppeltes Ziel verfolgt:

1. Für den Lehrer/Übungsleiter ist die Pulskontrolle die beste Möglichkeit, Überforderungen (natürlich auch Unterforderungen) zu erkennen. Er allein wäre jedoch überfordert, wollte er alle Messungen selbst vornehmen. Die Schüler messen ihren Puls selbst, nur bei eventuellen Auffälligkeiten übernimmt der Lehrer die Kontrolle.

2. Die Fähigkeit, den eigenen Puls zu messen und die gemessenen Werte einschätzen zu können, gehört zum Rüstzeug des Ausdauerlaufens. Dem Schüler werden so „Maßstäbe für richtiges Dauerlaufen" (BRODTMANN 1981, 25) an die Hand gegeben. Sie sind Voraussetzung für seine Selbstständigkeit und ein Training der Ausdauer auch außerhalb der Schule.

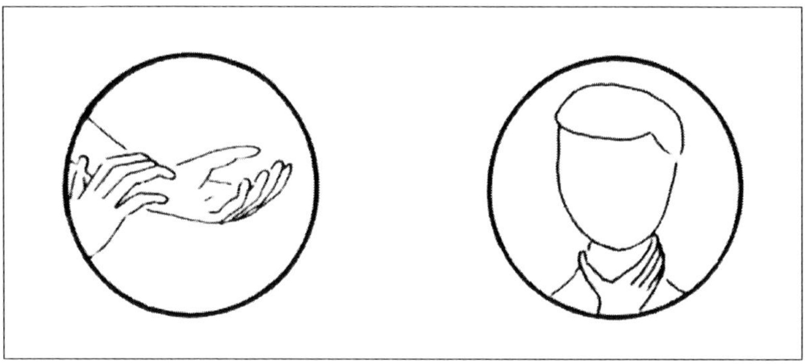

Der Puls wird mit Zeige-, Mittel- und Ringfinger an der Daumenseite des linken Handgelenks oder an der Halsschlagader oberhalb des Schlüsselbeins gemessen. Die Finger werden nur leicht aufgelegt, damit der Puls nicht abgedrückt wird. Als Messzeiten werden 15, 10 bzw. 6 Sekunden angegeben, je nachdem, ob in Ruhe oder nach starker Belastung gemessen wird. Multipliziert man die „Rohwerte" mit 4, 6 bzw. 10, erhält man die Herzschlagfrequenz in Schlägen pro Minute.

Rohwert	S/min	Rohwert	S/min	Rohwert	S/min
20	80	31	124	41	164
21	84	32	128	42	168
22	88	33	132	43	172
23	92	34	136		
24	96	35	140	44	176
25	100	36	144	45	180
26	104	37	148	46	184
27	108			47	188
28	112	38	152	48	192
29	116	39	156	49	196
30	120	40	160	50	200

Da die Herzschlagfrequenz in den ersten Sekunden nach der Belastung nur unwesentlich abnimmt, kann man sich jedoch auf 15-Sekunden-Messungen beschränken. Vor allem auch deshalb, weil ein Verzählen desto mehr zu Buche schlägt, je kürzer die Messzeit und je größer der Faktor bei der Multiplikation ist.

Um den Messfehler möglichst gering zu halten, werden die Schüler aufgefordert, ihre Pulsschläge bis zum „Los" mit „null" zu zählen. Auch ist es günstiger, sich die Rohwerte geben zu lassen, weil Schüler erfahrungsgemäß Schwierigkeiten mit dem Multiplizieren haben. Zur Kontrolle reichen die Rohwerte völlig aus; sie geben sogar einen schnelleren Überblick, wenn man weiß, welche Schlagfrequenzen sie repräsentieren. Eine Übersicht gibt die Tabelle auf S. 32. Die Rohwerte von 38 bis 43 kennzeichnen den für Anfänger im Kindes- und Jugendalter optimalen Belastungsbereich.

Messen des Ruhepulses

Wir üben das Pulsen zunächst mit mehrfachen Messungen des Ruhepulses. Dieser beträgt bei Kindern und Jugendlichen etwa 80 bis 90 Schläge pro Minute. Da der Ruhepuls die Herzaktivität bei völliger Ruhe repräsentiert (z.B. morgens im Bett gemessen), ist in der Sportstunde mit einem leicht erhöhten Wert zu rechnen mit Rohwerten zwischen 20 und 25.

➢ ***Kinder haben einen Ruhepuls von 80 bis 90 Schlägen pro Minute.***

Schon beim Ruhepuls können sich Auffälligkeiten ergeben. Die gemessenen Rohwerte sollten deshalb notiert und ausgewertet werden. Schüler mit erhöhten Werten gilt es im Auge zu behalten.

Messen des Belastungspulses

Belastungspulswerte nach unterschiedlich intensiven Belastungen verdeutlichen den Zusammenhang von äußerer und innerer Belastung. Der Schüler erkennt die Steigerung der Herzschlagfrequenz als Antwort auf die gesteigerte körperliche Belastung.

Deutlich unterschiedliche Belastungsstufen sind Gehen, Traben und Sprinten. Direkt nach den jeweiligen Belastungsphasen wird der Belastungspuls gemessen, die Rohwerte werden notiert und ausgewertet.

- Gehen

Beim Gehen sind Frequenzwerte von etwa 100 bis 120 Schlägen pro Minute zu erwarten, d.h. Rohwerte von 25 bis 30.

- Traben

Beim Traben, bei dem der Lehrer das Tempo bestimmen sollte, liegt die Pulsfrequenz im für aerobe Belastungen angemessenen Bereich von etwa 140 bis 170 Schlägen pro Minute, d.h. Rohwerten von 35 bis 43.

- Sprinten

Beim Sprinten sind Werte von über 200 Schlägen pro Minute bei Kindern keine Seltenheit.

Lernziel: Traben

Ein angemessenes Lauftempo (Traben) gelingt zunächst nur dann, wenn der Lehrer mitläuft und das Tempo bestimmt: „Keiner läuft schneller als ich!"

Nach dem Prinzip des Intervalltrabens werden Trabphasen und Gehpausen aneinandergereiht. Da die Schüler das Traben erst lernen müssen, ist ein solches „stures“ Vorgehen zunächst notwendig. Interessanter wird die Aufgabe lediglich dadurch, dass wir die Laufstrecke vom Sportplatz weg ins Schulgelände legen, und nach einer Eingewöhnungszeit dadurch, dass einzelne Schüler oder Schülerpaare das Trabtempo angemessen bestimmen.

➢ ***Das Tempo ist dann richtig gewählt, wenn man sich mühelos unterhalten kann.***

Wenn die Klasse das Traben gelernt hat, können auch Gruppen gebildet werden, die den zeitlichen Ablauf (2 Minuten Traben, 1 Minute Gehen) und das Tempo (Traben!) selbstständig gestalten.

Lernziel: Kontrolle der Belastung

Wenn die Schüler das Pulsen und das Traben gelernt haben, sind die Voraussetzungen erarbeitet, um sich einen Überblick über die Belastungsfähigkeit der Klasse zu verschaffen und eventuell vorliegende Kreislaufschwächen oder gar -schäden zu erkennen. Wir bedienen uns dabei wieder des Intervalltrabens mit jeweils zweiminütigen Trabphasen (der Lehrer bestimmt das Tempo).

Direkt nach den Trabphasen wird der Belastungspuls gemessen und nach einer Pause von einer Minute der Erholungspuls. Die gemessenen Belastungs- und Erholungspulswerte werden von den Schülern notiert und vom Lehrer ausgewertet.

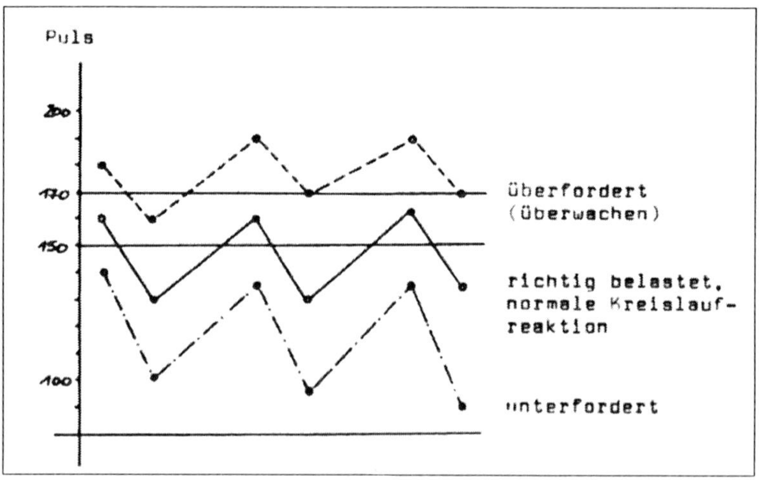

Bei optimaler Belastung haben Kinder und Jugendliche einen Belastungspuls von 150 bis 170 Schlägen pro Minute, entsprechend einem Rohwert von 38 bis 43. Geringere Belastungswerte interessieren uns erst später (siehe S. 68 Differenzierung der Laufgeschwindigkeit). Werte oberhalb von 170 Schlägen pro Minute deuten möglicherweise auf Überforderungen hin, die nur vorübergehend, z.B. durch Erkältungen verursacht sein können, andererseits aber auch in Kreislaufschwächen oder sogar -schäden ihren Ursprung haben können.

Ein recht zuverlässiger Indikator für Überforderungen ist der Erholungspuls, genauer: die Differenz zwischen dem Belastungs- und dem Erholungswert. Sie sollte mindestens 30 bis 40 Punkte betragen (gemessen 1 Minute nach der Belastung). Kinder, bei denen zu hohe Belastungswerte und geringe Erholungswerte nach mehreren Messungen bestätigt werden, müssen auf jeden Fall im Auge behalten werden und im Zweifel der Arzt zu Rate gezogen werden.

- *Bei einer optimalen Belastung liegt der Belastungspulswert in einem Intervall von 150 bis 170 Schlägen pro Minute.*

- *Kinder, die eine höhere Frequenz aufweisen, sind zu sehr belastet worden.*

- *Der Erholungspulswert sollte nach einer Minute 30 bis 40 Punkte unter dem Belastungswert liegen.*

Ziel: Steigerung der Ausdauerleistungsfähigkeit

Im Folgenden geht es in erster Linie darum, das Traben zu „vertiefen“ und die Trabzeiten zu verlängern (Prinzipien des Intervalltrabens: Zeitmaximierung, Streckenmaximierung). Es macht deshalb nichts aus, wenn man die Laufgeschwindigkeit zunächst an den Schwächeren orientiert. Die Laufaufgaben sind in spielerischen Formen verpackt. Trabspiele haben naturgemäß einen anderen Charakter als die den Kindern bis dahin bekannten Laufspiele, deren Spielideen durch das „Möglichst-Schnell“ geprägt sind (vgl. auch MEDLER 2000).

Wenn wir wollen, dass Gruppen geschlossen zusammenbleiben, geben wir ihnen ein Seil mit, das alle Läufer mit einer Hand erfassen müssen.

Minutenlauf

Einfach mal eine längere Zeit unterwegs zu sein, das ist für viele Kinder, die das Laufen nur vom Sprinten über kurze Entfernungen kennen, eine ganz neue Aufgabe. Beim Minutenlauf geht es darum, ein Gefühl für eine bestimmte Laufzeit zu entwickeln. Wir markieren dafür einen Startplatz mit einer Start- und Ziellinie und bestimmen ein Lauffeld, auf dem die Schüler ihre Laufzeit erbringen sollen.

Genau eine Minute

Zunächst sollen sie nach Gefühl möglichst genau 1 Minute unterwegs sein. Wer meint, dass die Zeit abgelaufen ist, kehrt zurück und läuft genau in dem Augenblick über die Ziellinie. Die vom Lehrer nach hinten hoch gehaltene Uhr gibt jedem eine Rückmeldung über die tatsächlich gelaufene Zeit.

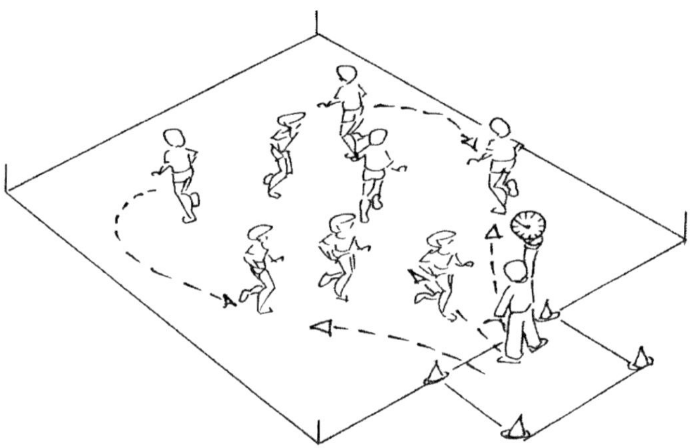

Zu zweit genau zwei Minuten

Je zwei Läufer schließen sich zu Paaren zusammen. *„Ein Paar ist doppelt so stark wie ein Einzelner“*. Deshalb erhalten die Paare den Auftrag, doppelt so lange, also 2 Minuten unterwegs zu sein. Welches Paar hat das beste Zeitgefühl?

Die Laufleistung kann je nach Motivation der Gruppe durch die Verlängerung der Laufzeit schrittweise gesteigert werden. Das kann auch weiterhin parallel zu einer Vergrößerung der Gruppe geschehen. So laufen Dreiergruppen z.B. 3 Minuten; diese Aufgabe kann aber auch, weil sie für die kleinen Anfänger schon eine richtige Leistung darstellt, für die Einzelläufer gestellt werden.

„Zeigerlauf"

Beim „Zeigerlauf" stellen wir uns einen großen zweiarmigen Zeiger vor, der sich im Lauftempo dreht. An den beiden Enden des Zeigers befindet sich je eine Laufgruppe.

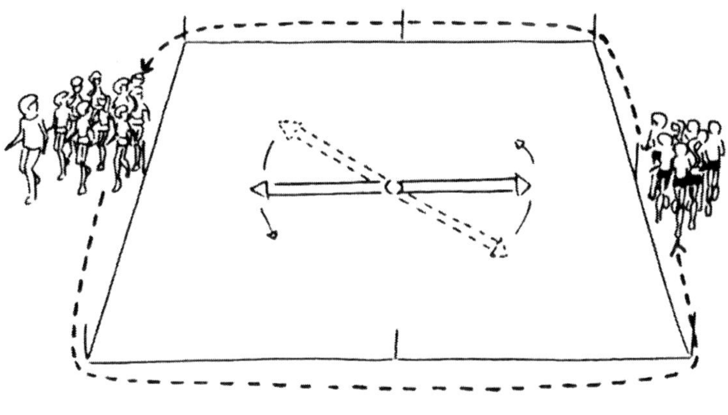

Die eine Gruppe wird vom Lehrer geführt, der auch das Tempo bestimmt. Die andere Gruppe bewegt sich immer gerade so schnell vorwärts, dass sie das andere Ende des Zeigers darstellt. Die Umlaufbahn ist durch ein Viereck festgelegt, dessen Ecken und Seitenmitten durch Markierungen eine Kontrolle des Tempos gestatten.

Variation: Jetzt bestimmt ein Schüler das Tempo.

„Zeigerlauf" mit Richtungswechsel

Die Aufgabenstellung entspricht der des „Zeigerlaufes", nur läuft der Zeiger mal links- und mal rechtsherum. Mindestens eine halbe Runde jedoch sollte in einer Richtung gelaufen werden, um ein gleichmäßiges Trabtempo zu garantieren.

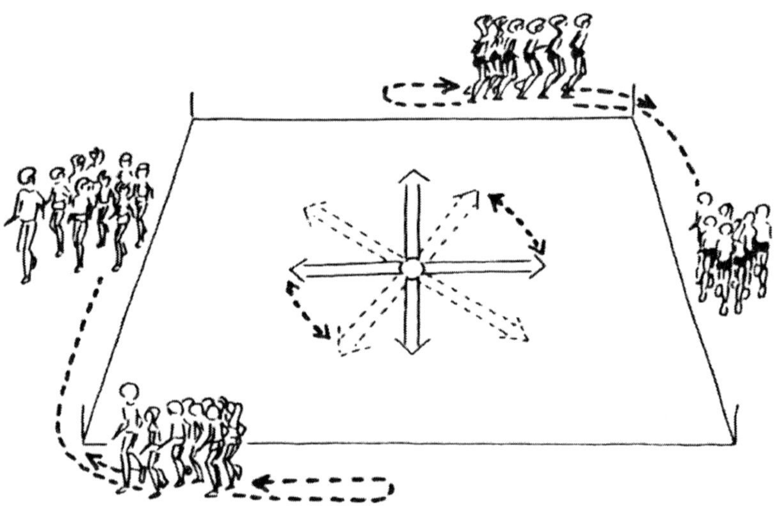

„Drehkreuz"-Lauf

Zwei Zeiger stehen senkrecht aufeinander und bilden ein Kreuz.

Variation: Das Kreuz dreht sich mal links-, mal rechtsherum.

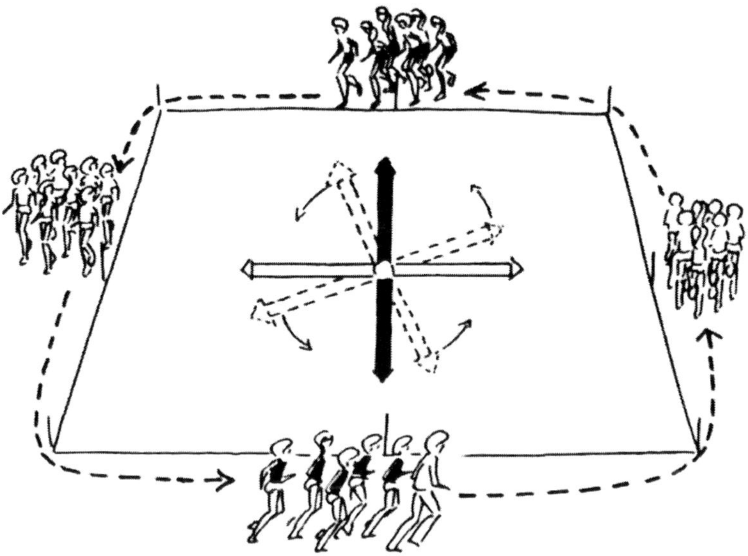

Figurenlaufen

Beim Figurenlaufen können die Schüler beweisen, dass sie das Traben gelernt haben. Die Konzentration auf die jeweils neue Aufgabenstellung und ein abwechslungs- und kurvenreicher Laufweg lenken von der Anstrengung des Laufens ab. Durch einen zeitlich versetzten Start der Laufgruppen können Belastungs- und Pausenzeit in etwa so gestaltet werden, wie es das Intervalltraben vorsieht. Durch einen Wechsel der Gruppenführung bei jeder neuen Aufgabe (die Gruppen sind mit einem Seil verbunden; siehe S. 37) kann das Interesse der Schüler über längere Zeit wach gehalten werden.

Zahlenläufe

Wir laufen Zahlen auf der Rasenfläche. Diese sollen so groß gestaltet werden, dass alle vier Seitenlinien des zugrunde gelegten Feldes berührt werden. Geschlossene Zahlen werden als geschlossener Laufweg, offene (z.B. die 2) mit Hin- und Rückweg gestaltet. Erfahrungsgemäß werden etwa 2 Minuten benötigt, um eine einstellige Zahl auf einem halben Fußballfeld zu traben, auf dem Großfeld sind es 4 bis 5 Minuten.

Als Steigerung und Verlängerung der Laufzeit können zwei- und mehrstellige Zahlen gelaufen werden, bei denen die Schüler dann eine längere Zeit unterwegs sind, wie z.B. die Jahreszahl 01, das Alter in Jahren, der Geburtsjahrgang oder das Datum.

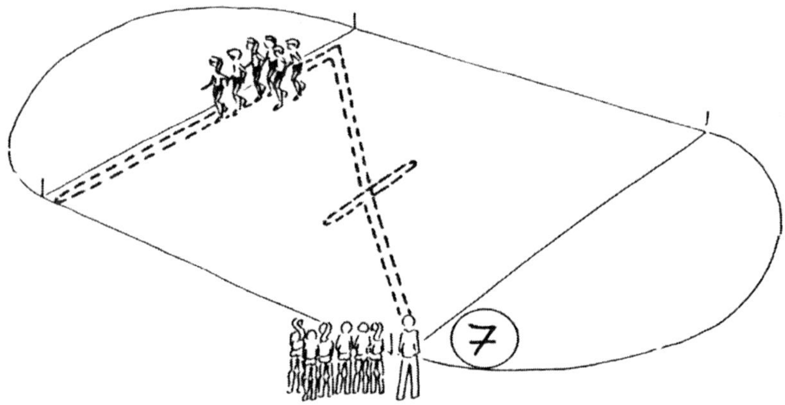

Figuren ausdenken

Nach gleicher Laufidee denken sich die Gruppen beliebige Figuren aus und stellen diese trabend vor.

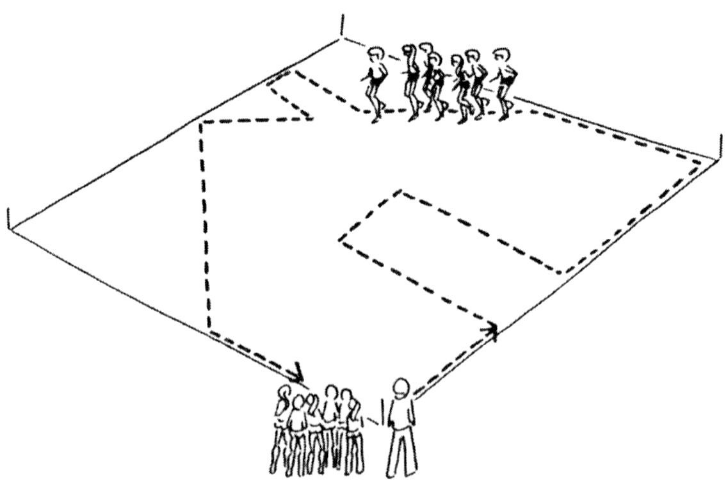

Oder ein Vorläufer denkt sich eine Figur aus, und die Gruppe muss zum Schluss des Laufes raten, welche Figur sie gelaufen ist. Für einen Außenstehenden laufen alle Gruppen durcheinander, aber für die Läufer besteht eine innere Ordnung.

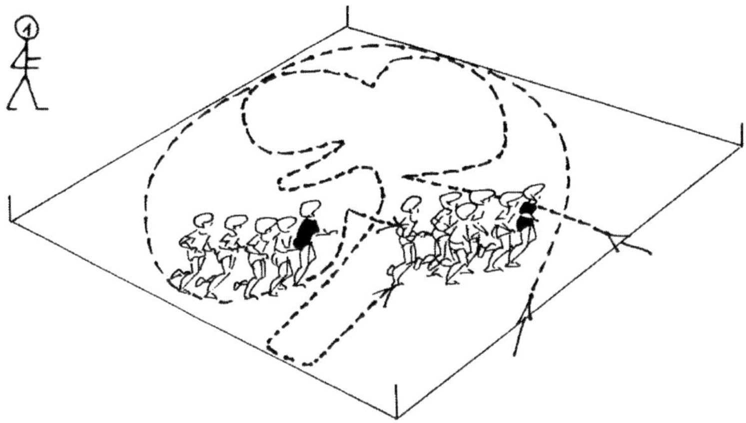

Umkehrläufe

Beim Umkehrlauf wird das Tempo des Trabens auf dem Hinweg von einem „Tempomacher" (zunächst der Lehrer, später auch Schüler) bestimmt. Dieser trabt vorneweg und keiner darf ihn überholen. Dahinter kann jeder sein eigenes Tempo wählen. Auf dem Rückweg läuft die Gruppe allein. Die Aufgabe besteht darin, auf dem Rückweg genauso lange unterwegs zu sein wie auf dem Hinweg (gleiches Trabtempo). Wer es schafft, ist bei abgelaufener Zeit genau wieder am Ablaufpunkt.

Umkehrläufe lassen sich sehr variabel gestalten, auch die Gesamtlaufzeit, so dass sie sich für jede gewünschte Lauflänge anbieten. Sie können als Einzel- und auch als Gruppenwettbewerbe durchgeführt werden; bei letzteren ist das verbindende Seil eine wichtige organisatorische Hilfe.

Umkehrlauf um ein Viereck

Wir laufen im festgelegten Umlaufsinn um ein großes mit regelmäßigen Markierungen abgestecktes Viereck. Der Lehrer macht das Tempo. Nach bestimmter Zeit (1, 2, 3 Minuten) scheidet der Lehrer als „Tempomacher" aus und gibt ein deutliches Signal für das Umkehren. Die Schüler laufen die gesamte Strecke zurück. Bei richtigem Tempo sind sie nach Ablauf der gleichen Zeit wie für den Hinweg wieder am Ablaufpunkt. Zur Kontrolle gibt der Lehrer auch jetzt ein deutliches Signal.

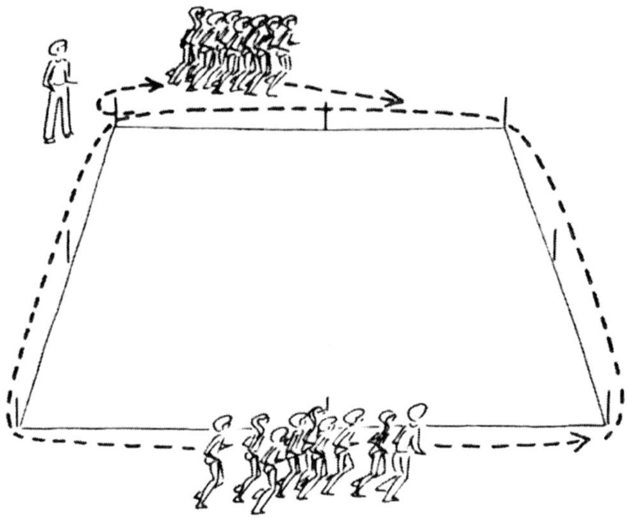

Umkehrlauf mit zwei Gruppen entgegengesetzt

Zwei Gruppen starten gleichzeitig in entgegengesetzter Richtung, die eine links-, die andere rechtsherum. Bei der einen Gruppe läuft der Lehrer mit und macht das Tempo.

Die andere orientiert sich mit Hilfe der Markierungen am „Tempomacher“. Nach bestimmter Zeit, die mit einem deutlichen Signal (z.B. Pfiff) kenntlich gemacht wird, treten beide Gruppen den Rückweg ohne „Tempomacher“ an. Welche Gruppe hat das bessere Tempogefühl und ist bei Ablauf der Zeit näher am Ablaufpunkt?

Umkehrlauf mit vier Gruppen am Viereck

Von jeder Ecke des Laufvierecks startet eine Gruppe. Bei einer läuft der Lehrer mit, die anderen Gruppen orientieren sich an diesem Tempo. Nach bestimmter Zeit scheidet der Lehrer als „Tempomacher“ aus. Die Schülergruppen treten allein den Rückweg an. Welche Gruppe hat das beste Tempogefühl?

Wenn die Gruppen das Traben gelernt haben, muss der Lehrer nicht mehr als „Tempomacher“ dabei sein. Jede Gruppe bestimmt ihr Tempo selbst.

Einer gegen seine Gruppe

Aus jeder Gruppe wird ein einzelner Läufer herausgelöst. Dieser startet gegen seine Gruppe in der Weise, dass er zu Beginn in die andere Richtung läuft. Der Lehrer gibt das Signal zum Umkehren. Der Einzelläufer und die Gruppe laufen den Weg um das Viereck wieder zurück. Zum Schluss ist klar, wer das bessere Tempogefühl hat, der Einzelläufer oder die Gruppe.

Umkehrlauf auf der „Achterbahn"

Zur Variation des Umkehrlaufes nutzen wir das Laufviereck jetzt als „Achterbahn". Von jeder Ecke startet eine Gruppe auf einer vorher festgelegten Acht um die Eckenmarkierungen.

Nach bestimmter Zeit gibt der Lehrer das Signal für den Rückweg. Welche Gruppe hat das beste Tempogefühl?

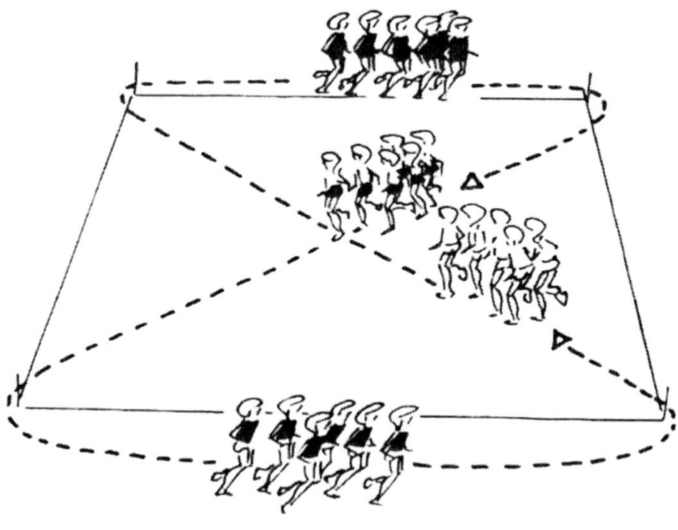

Umkehrlauf auf der Rundbahn

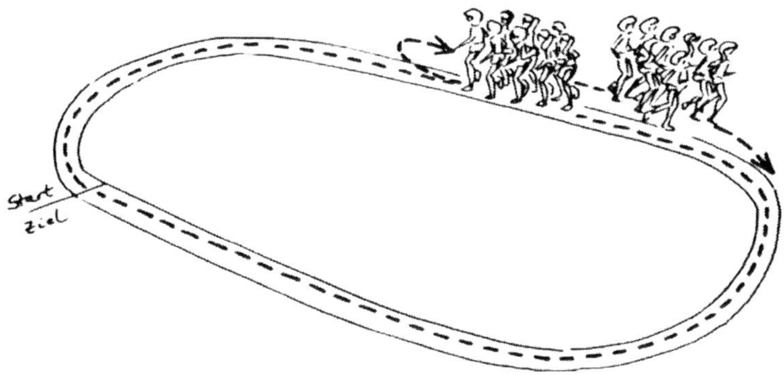

Auf der Rundbahn sind eigentlich keine Markierungen notwendig, denn Start und Ziel sind eindeutig bestimmt. Allerdings lenkt das Mitzählen vom Laufen ab, so dass es hin und wieder ratsam sein kann, Markierungen zu setzen (z.B. alle 25 m). Auf dem Hinweg bestimmt zunächst der Lehrer das Tempo, den Rückweg gestalten die Schüler allein.

Entgegen auf der Rundbahn

Zwei Gruppen starten in entgegengesetzter Richtung. Der Lehrer bestimmt zunächst bei einer Gruppe das Tempo. Der zweiten Gruppe gelingt es, sich über die genormte Bahn an diesem Tempo zu orientieren. Nach bestimmter Zeit treten beide Gruppen den Rückweg an. Welche Gruppe hat das bessere Tempogefühl, d.h. ist bei Abpfiff näher am Ausgangspunkt?

Umkehrlauf im Schulgelände

Umkehrläufe können in beliebigem Gelände organisiert werden. Voraussetzung ist lediglich, dass das Signal zum Umkehren deutlich wahrgenommen werden kann.

Der Lehrer (später auch Schüler) macht auf dem Hinweg das Tempo und legt durch sein Vorlaufen den Laufweg im Schulgelände so fest, dass möglichst ein Rundkurs entsteht. Der Rückweg soll auf der gleichen Strecke in möglichst der gleichen Zeit gelaufen werden.

Variation: Wir teilen die Klasse in mehrere Gruppen. Jede Gruppe wird von einem Schüler geführt, der auch die auf dem Hinweg gelaufene Zeit festhält. Bei jedem neuen Durchgang führt ein anderer Schüler die Gruppe.

Umkehren gegen Weiterlaufen

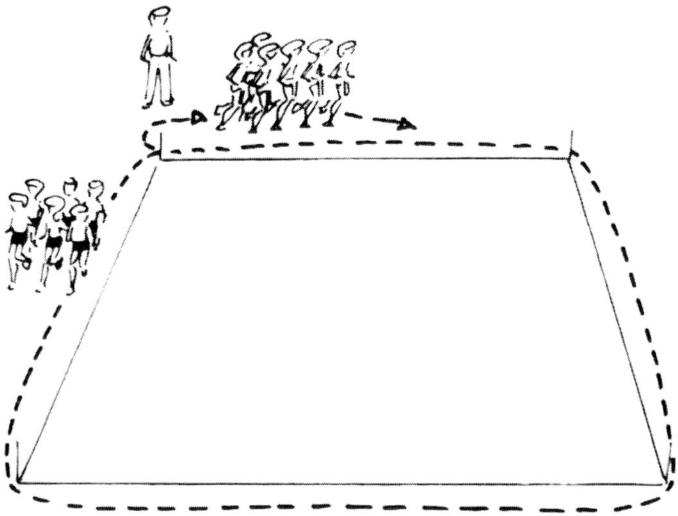

Vor dem Lauf werden zwei Gruppen gebildet. Beide Gruppen starten gemeinsam mit dem Lehrer um ein Laufviereck, um die Rundbahn oder durch das Schulgelände auf einem festgelegten Rundkurs. Nach einer bestimmten zurückgelegten Strecke oder Anzahl von Runden kehrt eine Gruppe um und läuft die Strecke zurück, während die zweite Gruppe den gleichen Laufweg noch einmal läuft.

Welche Gruppe hat das bessere Tempogefühl, d.h. welche Gruppe schafft es am besten, den zweiten Teil der Strecke im gleichen Tempo zu laufen?

Umkehrlauf-Wettspiele

Der Wetteifergedanke wurde hin und wieder schon betont, wenn Gruppen gegeneinander starteten mit der Zielsetzung: Welche Gruppe hat das bessere / beste Tempogefühl?

Ein Beispiel für ein Umkehrlauf-Wettspiel ist der Umkehrlauf im Schulgelände mit zwei auf gleicher Laufstrecke entgegengesetzt laufenden Gruppen. Die Laufstrecke ist so gewählt, dass die Gruppen sich wieder begegnen. Der Lehrer läuft bei einer Gruppe mit und bestimmt deren Tempo. Er gibt das Signal zum Umkehren und richtet es so ein, dass dann beide Gruppen in Sicht- und Hörweite sind. Ein nochmaliger Versuch erhält dadurch seinen Reiz, dass der Lehrer nun bei der anderen Gruppe mitläuft. Dann sind beide Gruppen selbst für die Gestaltung ihres Lauftempos verantwortlich.

Bei einem anderen Wettspiel laufen zwei Gruppen so gegeneinander, dass die zweite dann startet, wenn die erste das Signal zum Umkehren erhält. Und die zweite kehrt um, wenn für die erste das Schlusssignal ertönt.

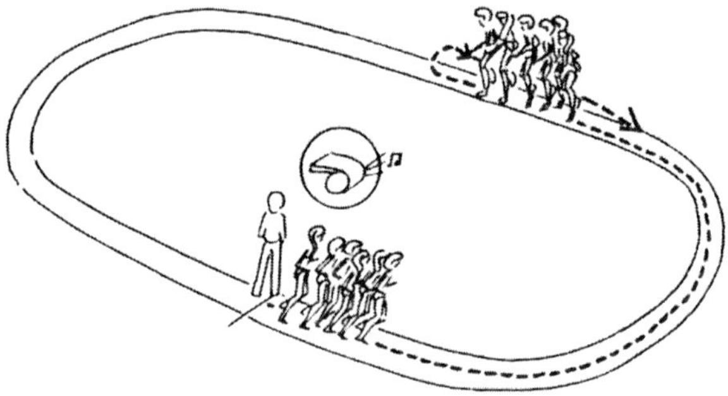

Sieger ist die Mannschaft mit der geringsten Streckendifferenz. Beim zweiten Durchgang startet die zweite Gruppe an erster Stelle.

Und schließlich bilden wir vier Gruppen, von denen je zwei gleichzeitig entgegengesetzt laufen und die anderen beiden dann ebenfalls entgegengesetzt starten, wenn die ersten beiden das Signal zum Umkehren erhalten.

Umkehrlauf-Wettbewerbe

Wenn genug Erfahrung mit dem Traben und mit dem individuellen Trabtempo gesammelt worden ist, bietet der Umkehrlauf eine ausgezeichnete Grundlage für erste Ausdauerlauf-Wettbewerbe. Diese können am Laufviereck, auf der Rundbahn, im Schulgelände oder im freien Gelände durchgeführt werden.

Am Laufviereck

Den Organisationsrahmen für den Wettbewerb bildet das schon bekannte Laufviereck. Jeder läuft sein Tempo, so dass sich die Laufgruppe im Allgemeinen weit auseinander zieht. Auf Pfiff drehen alle wieder um und laufen denselben Weg wieder zurück. Gewinner des Wettbewerbs ist nicht derjenige, der die weiteste Strecke zurückgelegt hat, sondern wer bei Abpfiff dem Ausgangspunkt am nächsten ist.

Im Gelände

Jedes überschaubare und belaufbare Gelände, das ein paar Markierungen für die Laufstrecke (Bäume, Büsche, Bänke, Laternen, ein natürlicher Laufweg) aufweist, eignet sich für einen Umkehrlauf-Wettbewerb. Jeder läuft sein Tempo. Dabei zieht sich die Laufgruppe im Allgemeinen sehr weit auseinander. Das Signal zum Umdrehen wird so gegeben, dass es von allen deutlich vernommen wird. Gewinner ist trotz ganz unterschiedlicher Laufgeschwindigkeiten derjenige, der nach Ablauf der Zeit der Ablaufstelle am nächsten ist.

Das Lauftempo merken

Jetzt wird nicht mehr umgekehrt, sondern die gleiche Strecke noch einmal gelaufen. Die Strecke - mehrere Runden am Laufviereck, auf der Rundbahn oder auch im Schulgelände - wird zunächst gemeinsam mit der Lehrkraft gelaufen. Die Lehrkraft bestimmt das Tempo. Die Mitlaufenden erhalten die Aufgabe, sich auf das Tempo zu konzentrieren, weil sie nach Abschluss des gemeinsamen Laufes dieselbe Strecke noch einmal in genau demselben Tempo zurücklegen sollen. Gewinner ist, wer das vorgegebene Tempo am besten einhalten konnte.

Das Tempo merken zu zweit

Zu zweit kann man sich absprechen und sich aneinander orientieren. Wie vorher läuft die Gruppe zunächst mit dem Lehrer. Dabei werden die Laufstrecke und das Tempo festgelegt. Für den nächsten Lauf werden Paare gebildet. Diese laufen die gleiche Strecke noch einmal und sind bemüht, das Tempo möglichst genau zu treffen, so dass sie nach einer festgelegten Zeit wieder am Ablaufpunkt sind.

Lernziel: „Zeitgefühl"

Zeitschätzläufe

Voraussetzung für Zeitschätzläufe ist, dass die Schüler gelernt haben, langsam und ökonomisch zu laufen. Wenn sie zu früh angeboten werden, neigen die Schüler zum Rennen. Mit den Zeitschätzläufen wird das Ziel verfolgt, ein Zeitgefühl für das Trablaufen zu entwickeln. Die Laufzeit (Trabzeit) für vorher bestimmte Strecken wird vor dem Lauf geschätzt und dann mit der tatsächlichen Laufzeit verglichen. Auch diese Aufgabenstellung ist gut geeignet, die Aufmerksamkeit von der Anstrengung, die mit längerem Laufen verbunden ist, abzulenken.

Wir wählen zunächst ein relativ nahes Ziel (einen Baum, eine Laterne oder einen Zaun), das umlaufen werden soll.

Am günstigsten ist es, Paare zu bilden: Der eine Partner läuft, der andere Partner merkt sich die geschätzte Zeit. Dann wird die erste Gruppe gestartet. Bei der Rückkehr der Läufer ruft der Zeitnehmer (Lehrer) die gelaufenen Zeiten so laut zu, dass die zurückgebliebenen Partner sie aufnehmen und mit den geschätzten Zeiten vergleichen können. Dann startet die zweite Gruppe.

In einem zweiten Lauf über die gleiche Strecke kann den Schülern die Gelegenheit gegeben werden, ihre Differenz zwischen Schätzzeit und Laufzeit zu verbessern. Dann wird ein neues Umlaufziel bestimmt usw.

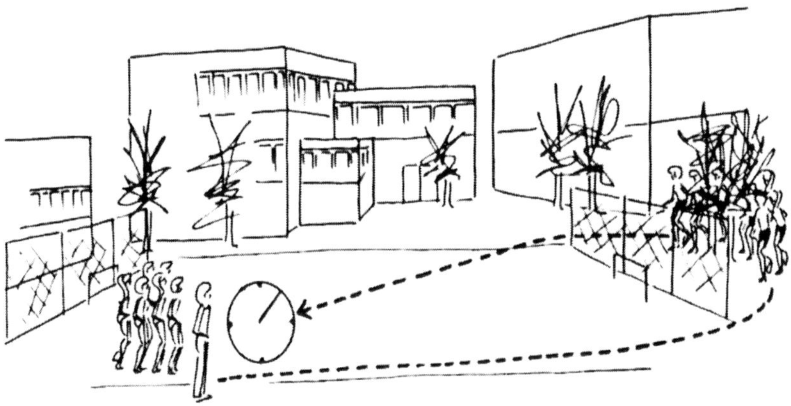

Für weitere Durchgänge wählen die Gruppen ihre Laufwege selbst, und zwar in der Weise, dass je eine Gruppe den Laufweg für die ganze Klasse festlegt. Die Gruppen können nacheinander so gestartet werden, dass die Prinzipien des Intervalltrabens in etwa erfüllt werden.

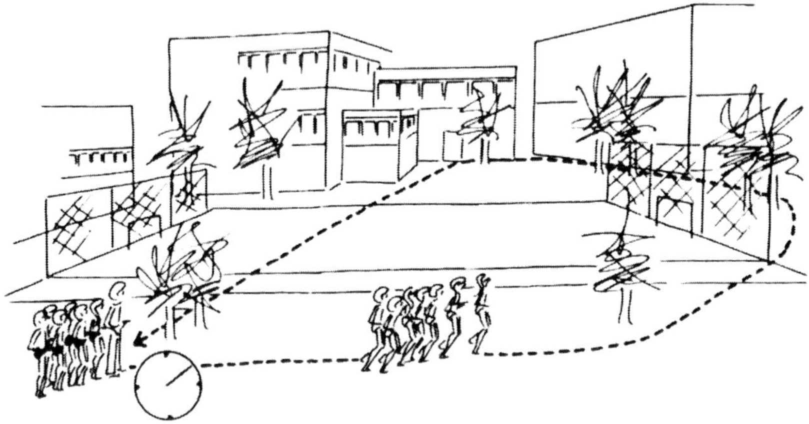

Auch auf längeren Strecken ist der Zeitschätzlauf eine interessante Aufgabenstellung. Wir wählen z.B. eine den Schülern schon bekannte Strecke durch das Schulgelände, durchaus auch mit einer Streckenführung, bei der wir die Gruppen zwischenzeitlich aus den Augen verlieren.

Eine weitere Variante ist in der Weise möglich, dass je zwei Gruppen gleichzeitig starten, aber in entgegengesetzter Richtung, so dass sie sich etwa auf der Hälfte des Laufweges begegnen. Beim nächsten Durchgang werden die Laufrichtungen getauscht und die Gruppen erhalten die Möglichkeit, ihre Ergebnisse zu verbessern.

Zeitschätz-Staffellauf

Eine festgelegte Umlaufstrecke wird mehrmals in Art einer Staffel durchlaufen (z.B. zwei Läufer pro Mannschaft laufen immer im Wechsel). Die Mannschaften schätzen jede für sich die Gesamtzeit, die sie meinen, für die festgelegten Durchgänge des Staffellaufes zu benötigen.

Die tatsächlich gelaufenen Zeiten werden zum Schluss mit den Schätzzeiten verglichen. Wegen im Allgemeinen ganz unterschiedlicher Schätzzeiten werden auch ganz unterschiedliche Tempi gelaufen. Welche Mannschaft hat das beste Zeitgefühl? Bei angemessener Streckenwahl können die Prinzipien des Intervalltrabens annähernd erfüllt werden.

Zeitschätz-Staffellauf entgegengesetzt

Eine vorher festgelegte Strecke wird mehrmals in Staffelart durchlaufen, jetzt aber in der Weise, dass die eine Mannschaft linksherum, die andere entgegengesetzt rechtsherum startet. Dabei begegnen sich die Laufenden immer wieder. Organisatorisch lösen wir die Aufgabe z.B. in der Weise, dass wir jede Mannschaft in zwei Teile teilen. Diese bewältigen die Laufstrecke abwechselnd. Bei dieser Organisation kann eine Gruppe sich erholen, während die andere unterwegs ist. Die Aufgabe besteht darin, eine vorher geschätzte Zeit für die Gesamtstrecke (z.B. sechsmal durch das Schulgelände) möglichst genau einzuhalten.

Auch bei dieser Variante des Zeitschätzlaufens können durch eine geeignete Streckenwahl die Prinzipien des Intervalltrabens annähernd erfüllt und auch Steigerungen der Trabzeiten eingebaut werden.

Lernziel: Tempogefühl

„Tempogefühl"-Läufe

Für die Erarbeitung eines Tempogefühls für eine ganz bestimmte (optimale) Laufgeschwindigkeit bietet sich das Laufviereck an. Die Seitenlängen werden z.B. jeweils so eingerichtet, dass ihr Zurücklegen in 15 sec einer bestimmten Zeit auf 1000m entspricht. Auf diese Weise kann das Tempo sowohl für den Anfänger als auch für den Organisator überschaubar zugeordnet werden. Eine Übersicht gibt die folgende Tabelle:

1000 m in (min)	Seitenlänge des Vierecks (m in 15 Sekunden)
7 : 00	35,71
6 : 30	38,46
6 : 00	41,66
5 : 30	45,45
5 : 00	50,00

Lauftempo: 1000 m in 7 Minuten

Eine Laufgeschwindigkeit von 7 Minuten auf 1000 m wird in der Literatur als angemessenes Tempo für Anfänger, egal welchen Alters, empfohlen. Das entspricht in unserem Laufviereck einer Seitenlänge von 35,71 m (abgerundet 35,50 m), die in 15 sec zurückgelegt werden soll.

Um den Schülern eine erste Vorstellung von dem Lauftempo zu vermitteln, wird die Klasse in vier Gruppen eingeteilt. Jede Gruppe besetzt eine Ecke des Vierecks. Die Aufgabe besteht zunächst darin, in gleichmäßigem Tempo in genau 15

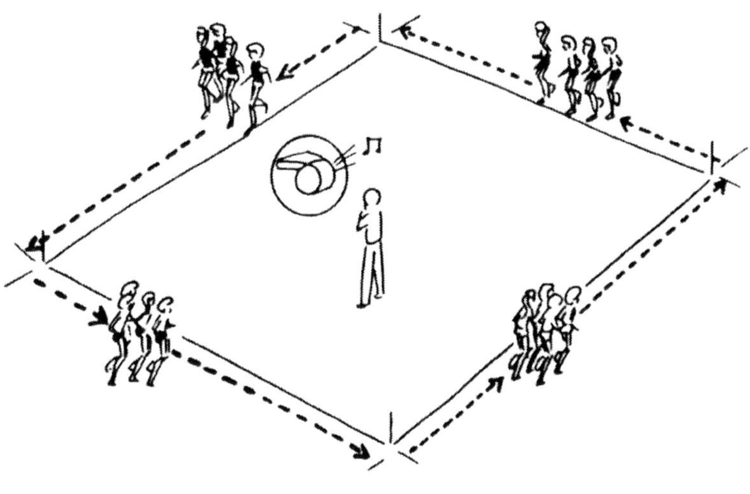

Sekunden bis zur nächsten Ecke zu laufen. Für Ablauf und Ankunft gibt der Lehrer mit einem Pfiff ein deutliches Signal. Nach kurzer Pause wird die nächste Ecke angelaufen usw.

Wenn alle Gruppen in der Lage sind, das angegebene Tempo einzuhalten, d.h. bei Abpfiff genau an der nächsten Ecke zu sein (wofür normalerweise nur eine Runde notwendig ist), wird eine ganze Runde ununterbrochen gelaufen. Alle 15 Sekunden wird zur Orientierung ein Signal gegeben. Wer im richtigen Tempo läuft, befindet sich beim Pfiff genau an einer Ecke des Vierecks.

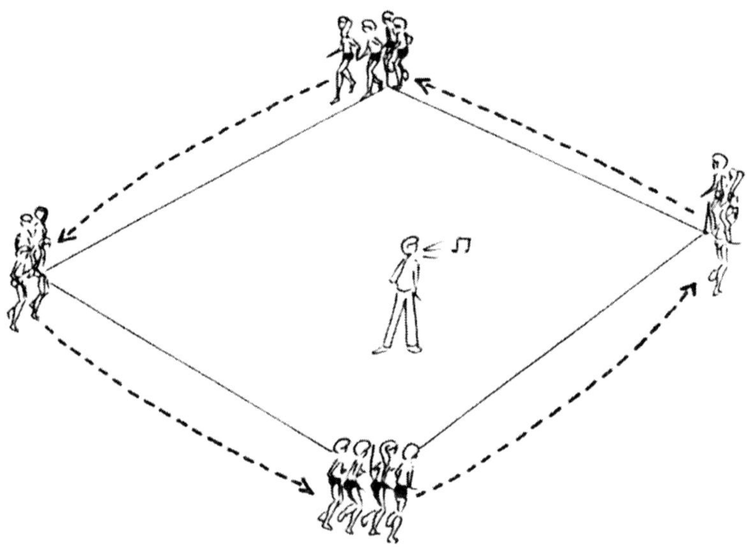

Nach einer Gehpause von einer Seitenlänge wird wieder eine Runde gelaufen usw. Nach kurzer Zeit schon kann die Laufstrecke verlängert werden. Wir laufen 2, 3, 4 Runden. Das Signal ertönt alle 15 Sekunden zur Orientierung.

Wettspiel: „Tempo-Einhalten“

Jetzt können die Gruppen beweisen, dass sie ein gutes Tempogefühl haben. Zu Beginn des Laufes werden noch einige Orientierungssignale gegeben (eine ganze Runde, zweimal, einmal), den Rest der Strecke (zwei und mehr Runden) laufen sie allein und versuchen, das Tempo genau einzuhalten. Gewinner des Wettspiels ist die Gruppe, die im Ziel die kleinste Zeitdifferenz aufweist.

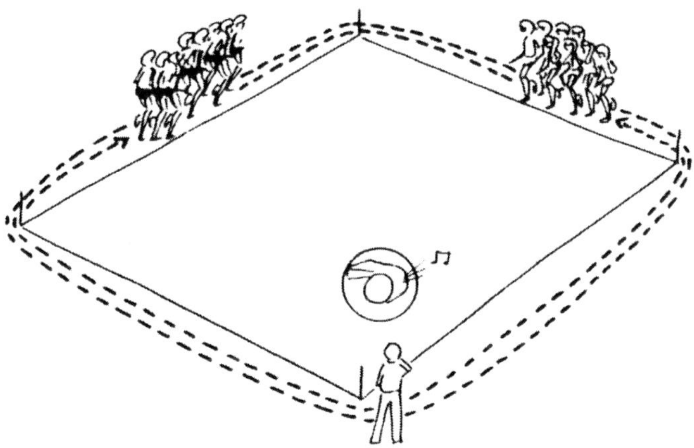

Nach dem Prinzip des Intervalltrabens können die Gruppen auch nacheinander gestartet werden. Beispiel: Beim dritten Pfiff startet die zweite Gruppe, die dann insgesamt weniger Signale bekommt. Im zweiten Durchgang wird das dadurch wieder ausgeglichen, dass die Gruppen in umgekehrter Reihenfolge starten.

Entgegenlaufen

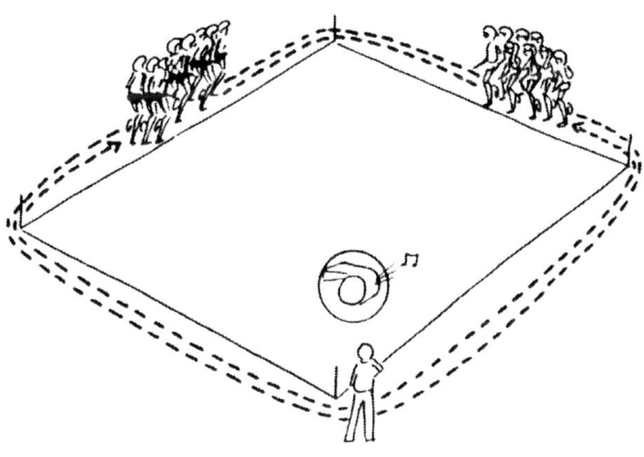

Beim „Entgegenlaufen“ können beide Gruppen zur gleichen Zeit gestartet werden. Die eine läuft links-, die andere rechtsherum. Auch die Anzahl der Signale ist für beide Gruppen gleich. Beim zweiten Durchgang werden die Umlaufrichtungen getauscht. Gewinner ist die Gruppe, die bei allen Läufen zusammen die geringste Zeitdifferenz aufweist.

Und schließlich wird kein Signal mehr zur Orientierung gegeben. Die Gruppen laufen eine, zwei, drei und mehr Runden. Der Lauf wird nur noch an- und abgepfiffen.

Bahnlauf

Eine weitere Möglichkeit zu beweisen, dass man das richtige „Tempogefühl“ hat, ist der Bahnlauf. Es werden ein, zwei und mehr Runden gelaufen.

Eine Übersicht über die Zeiten gibt die folgende Tabelle:

1000 m in (min)	1 Runde (400 m) in (min)
7 : 00	2 : 48
6 : 30	2 : 36
6 : 00	2 : 24
5 : 30	2 : 12
5 : 00	2 : 00

Zur Orientierung können zunächst auch einige Markierungen (z.B. Hütchen) gesetzt werden, z.B. alle 50 m. Die Zeiten für je 50 m sind in der folgenden Tabelle zusammengefasst:

1000 m in (min)	50 m in (sec)
7 : 00	21, 0
6 : 30	19, 5
6 : 00	18, 0
5 : 30	16, 5
5 : 00	15, 0

Nach gleicher Idee kann mit zwei Gruppen entgegen gelaufen werden. Wir laufen eine, zwei, drei und mehr Runden. Sieger ist die Gruppe, die im Ziel die geringste Zeitdifferenz aufweist.

Weitere Möglichkeiten von „Tempogefühl-Läufen", die hier noch möglich wären, werden erst nach der Differenzierung der Laufgeschwindigkeit dargestellt.

„Kettenstaffel" im Trabtempo

Bekannte Staffelformen können mit entsprechenden Rahmenbedingungen auch im Trabtempo durchgeführt werden. Dabei kommt es dann nicht mehr darauf an, der Schnellste zu sein, sondern es gewinnt diejenige Gruppe, die das vorgegebene Tempo am besten einhalten kann.

Eine besonders gute Möglichkeit ist die Form der „Kettenstaffel", hier am Laufviereck dargestellt: Der erste Schüler läuft eine Runde allein, dann laufen die ersten beiden, dann die ersten drei usw. Nachdem alle Gruppenmitglieder zusammen eine Runde gelaufen sind, bleibt der erste „zu Hause", dann der zweite, dann der dritte usw. Die letzte Runde läuft der Gruppenletzte allein.

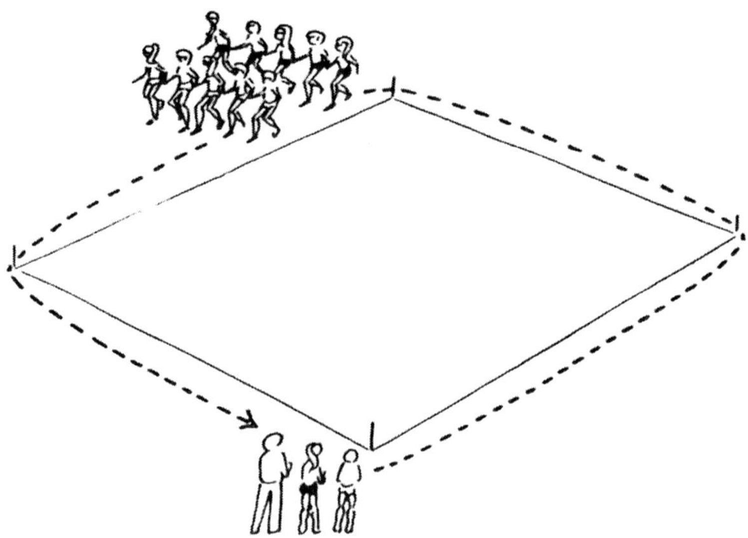

Eine andere Form ist die „Kettenstaffel mit halben Runden". Zwei oder vier Gruppen laufen gegeneinander. Jede Gruppe teilt sich nochmals in zwei Teilgruppen, die je eine halbe Runde voneinander entfernt ihre Positionen beziehen.

Von jeder Gruppe startet zunächst einer; nach einer halben Runde gesellt sich der zweite dazu, nach einer weiteren halben Runde der dritte usw. Nachdem in der Mitte des Laufes eine halbe Runde in voller Gruppenstärke gelaufen wurde,

bleibt der erste zurück, nach einer weiteren halben Runde der zweite usw. Die letzte halbe Runde bestreitet der letzte Läufer jeder Gruppe allein.

Nach Ablauf der von der Gruppengröße (von ihr ist auch die Länge der Gesamtlaufstrecke abhängig) und dem vorher festgelegten Lauftempo abhängigen Gesamtlaufzeit wird der Lauf abgepfiffen. Welche Gruppe hat das beste Tempogefühl?

Trabstaffeln

Eine interessante Wettkampfform ist die Trabstaffel. Hierfür wird die Klasse in Kleingruppen eingeteilt, z.B. in Dreiergruppen. Von den drei Schülern einer Mannschaft laufen jeweils zwei, der dritte bleibt abwechselnd „zu Hause".

Die Trabstaffel kann auf unterschiedlichem Gelände durchgeführt werden und erhält auf diese Weise immer wieder einen neuen Reiz. Gewinner der Wettbewerbe ist jeweils die Gruppe, die es schafft, genau in der vorgegebenen Zeit zu bleiben bzw. dieser am nächsten zu kommen.

Trabstaffel um das Laufviereck

Das Laufviereck entspricht je nach gefordertem Lauftempo den bekannten Abmessungen, an denen die Schüler sich orientieren können. Je nach Leistungsstand der Gruppen werden unterschiedliche Tempi verlangt, und es kann auch durch eine unterschiedliche Anzahl von Runden der Umfang der Belastung reguliert werden.

Trabstaffel auf der Rundbahn

Die Stadionrunde beträgt 400 m. Bei einem Tempo von 7 Minuten auf 1000 m entspricht das einer Laufzeit für eine Runde von 2 : 48 Minuten. Je nach Leistungsstand der Gruppen werden 3, 4, 5 Runden gelaufen.

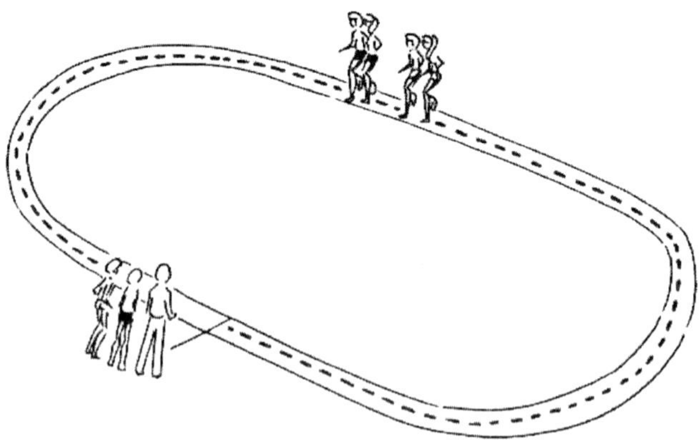

Trabstaffel entgegen

Wenn die Mannschaften in entgegengesetztem Umlaufsinn laufen, wird vermieden, dass sie sich aneinander orientieren. Wie vorher werden 3, 4, 5 Runden gelaufen. Je zwei Mannschaften werden zeitgleich gestartet. Gewinner jeder Paarung ist die Mannschaft, die ihr Lauftempo am besten einhält. Wie bei einem Turnier können die Paarungen immer wieder neu zusammengestellt werden.

Trabstaffel im Schulgelände

Im Schulgelände wird eine Laufstrecke festgelegt. Die Länge der Strecke wird

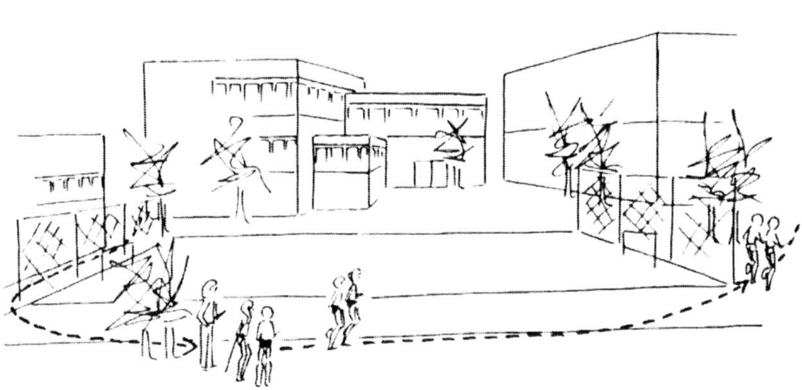

genau ausgemessen sowie die Laufzeit für eine Runde bei einem Tempo von z.B. 7 Minuten auf 1000 m bestimmt. Das Schulgelände bietet keine Orientierungshilfen für die Tempogestaltung. Auch die Ausrichtung an zeitlich nacheinander gestarteten Mannschaften ist kaum möglich.

Variation: Je zwei Mannschaften starten zeitgleich in entgegengesetzter Richtung.

Differenzierung der Laufgeschwindigkeit

Da es uns zu Beginn in erster Linie darum geht, das Traben zu vermitteln und vom Rennen Abstand zu nehmen, ist kein Tempo zu langsam. Deshalb wird mit einem für alle erreichbaren Tempo von 1000 m in 7 Minuten, entsprechend einer Laufgeschwindigkeit von 8,5 km/h, begonnen. Das ist für eine Reihe von Schülern sicherlich nicht optimal. Darüber gibt der Belastungspuls Auskunft. Für alle diejenigen Schüler, deren Belastungspulsfrequenz in einem Intervall von 150 bis etwa 170 (180 minus Lebensalter) liegt, ist das Tempo genau richtig. Wer keine

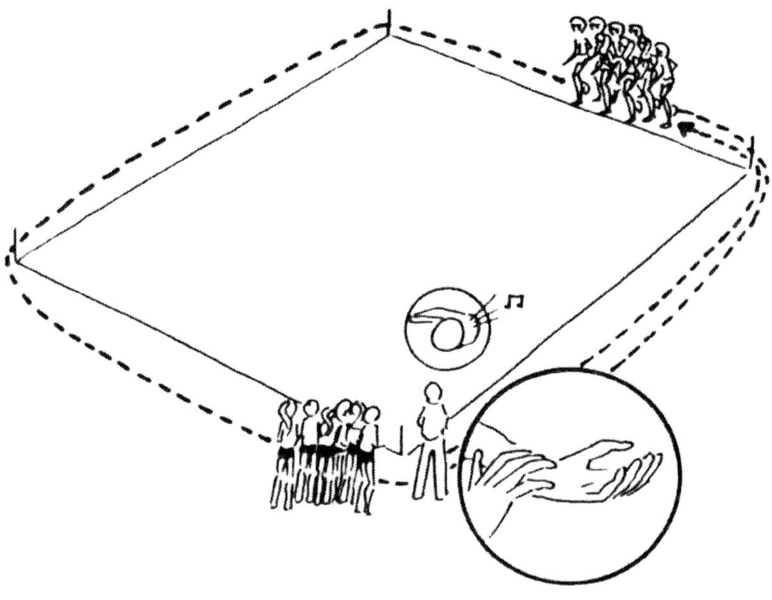

150 erreicht hat, ist zu wenig belastet worden.

Um auch für die leistungsstärkeren Schüler die optimale Laufgeschwindigkeit herauszufinden, wird zusätzlich ein neues Viereck eingemessen mit einer Seitenlänge von ungefähr 38,50 m, entsprechend einer Laufgeschwindigkeit von 6:30 Minuten auf 1000 m. Die Gewöhnung an das neue Tempo erfolgt in gleicher

Weise wie vorher. Auch die Spiel- und Wettspielformen sind in gleicher Weise möglich.
Die Organisation durch ineinander gelegte Vierecke erlaubt ein differenziertes Vorgehen auf relativ engem Raum.

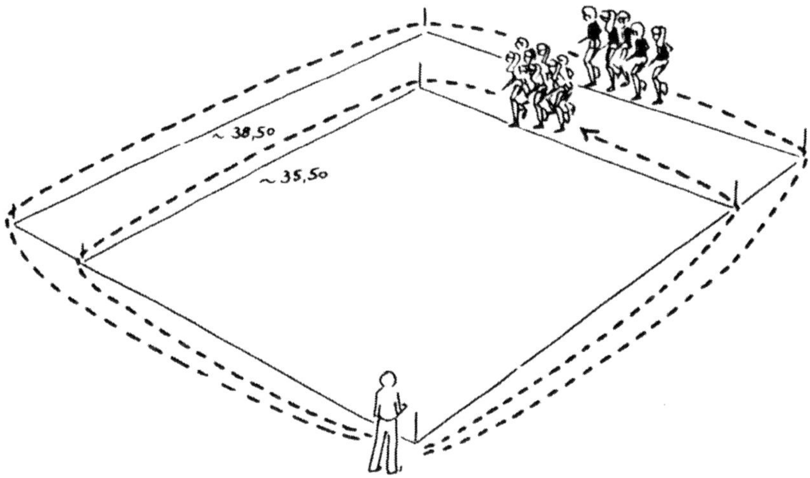

Durch Kontrolle des Belastungspulses nach einem längeren Lauf im neuen Tempo kann man sich wieder einen Überblick über den Belastungsgrad verschaffen.

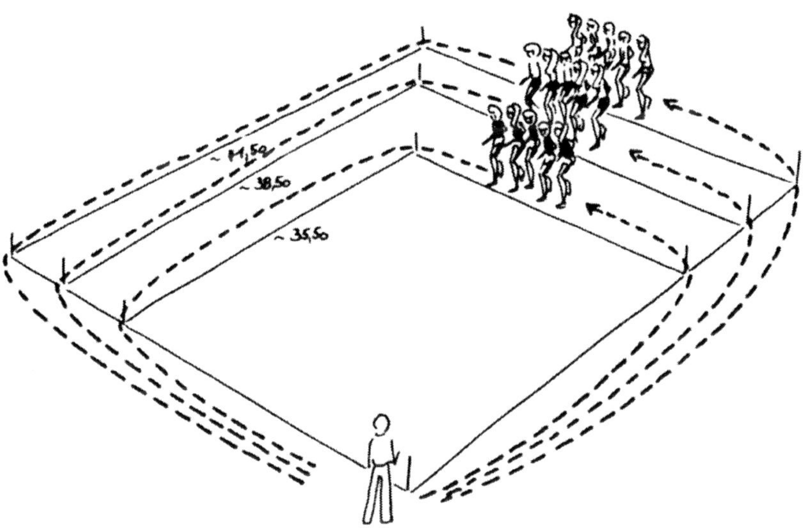

Für alle diejenigen Schüler, deren Pulsfrequenz noch immer unter der Schwelle von 150 Schlägen pro Minute liegt, ist auch das vergrößerte Laufviereck noch nicht optimal. Wir markieren ein weiteres Viereck mit einer Seitenlänge von ungefähr 41,50 m, entsprechend einer Laufzeit von 6 Minuten auf 1000 m usw.

Spielerisches Training der Ausdauerleistungsfähigkeit

Wenn die Schüler ein Tempogefühl für eine ihrer Leistungsfähigkeit entsprechende Trabgeschwindigkeit entwickelt haben, ist eine Reihe interessanter Aufgabenstellungen möglich, bei denen sie ihre Fähigkeit unter Beweis stellen können. Voraussetzung für die folgenden Vorschläge ist, dass die Streckenlängen vorher bekannt sind, d.h. sie genau ausgemessen wurden, damit die Laufzeiten bei bestimmtem Tempo genau berechnet werden können. Zum Ausmessen der

Strecken eignet sich am besten ein Laufrad, das bei Bauunternehmen ausgeliehen werden kann; Fahrradtachometer sind erfahrungsgemäß zu ungenau.
Eine andere Möglichkeit besteht darin, ein Fahrrad zu schieben und die Umdre-

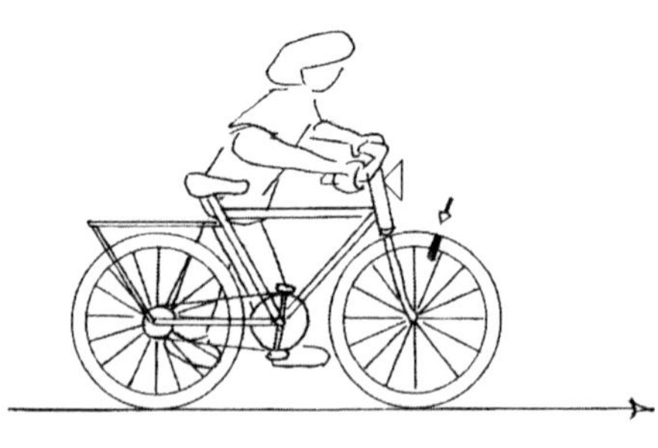

hungen des Rades zu zählen. Um das Zählen zu erleichtern, wird die Felge an einer Stelle deutlich markiert. Die Streckenlänge ergibt sich aus dem Umfang des Rades multipliziert mit der Anzahl der Umdrehungen.

Von den verschiedenen Strecken und ihren Längen sollte, soweit die Läufe im Schulgelände ausgetragen werden, eine Skizze angefertigt werden. So sind sie jederzeit wieder verfügbar und können auch von anderen Kollegen genutzt werden.

Läufe um markante Punkte

Wir laufen bestimmte Zielpunkte an und kehren wieder zum Ausgangspunkt zurück. Die Streckenlänge ist bekannt, so dass die Laufzeit bei festgelegtem Lauftempo bestimmt werden kann.

Beispiel: Die Entfernung zur Eckfahne eines Sportplatzes beträgt 93 m, der Laufweg hin und zurück damit 186 m. Die Laufzeiten berechnen sich für die verschiedenen Tempogruppen wie folgt:

- Gruppe 1 (1000 m in 7:00 Minuten): 78 Sekunden
- Gruppe 2 (1000 m in 6:30 Minuten): 72,5 Sekunden
- Gruppe 3 (1000 m in 6:00 Minuten): 67 Sekunden

Die Gruppen mit verschiedener Laufgeschwindigkeit können gegeneinander starten. Sieger ist jedoch nicht die schnellste Gruppe, sondern die, die ihre Laufzeit am besten trifft.

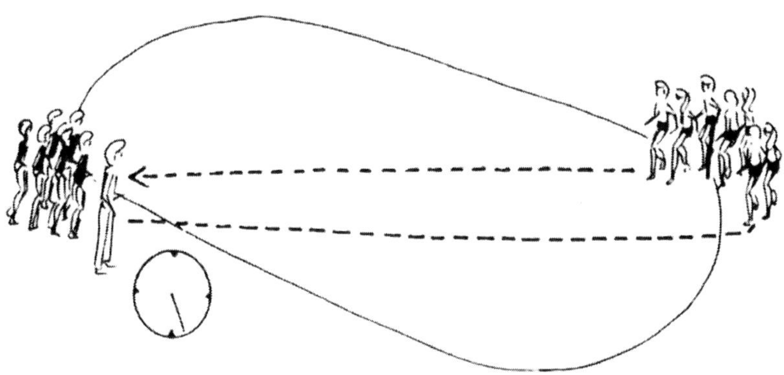

Durch geeignete Streckenwahl kann die Laufzeit allmählich gesteigert werden.

Jede neue Laufstrecke eröffnet einen neuen Wettbewerb innerhalb der Gruppen mit der Chance, sich zu verbessern. Es kann auch vorher abgemacht werden, dass erst das Gesamtergebnis über den Gewinn entscheidet.

Differenzierte Kettenstaffel

Gruppen unterschiedlicher Ausdauerleistungsfähigkeit können ihr Vermögen, ein vorgegebenes Tempo einzuhalten, mit der „Kettenstaffel" unter Beweis stellen.

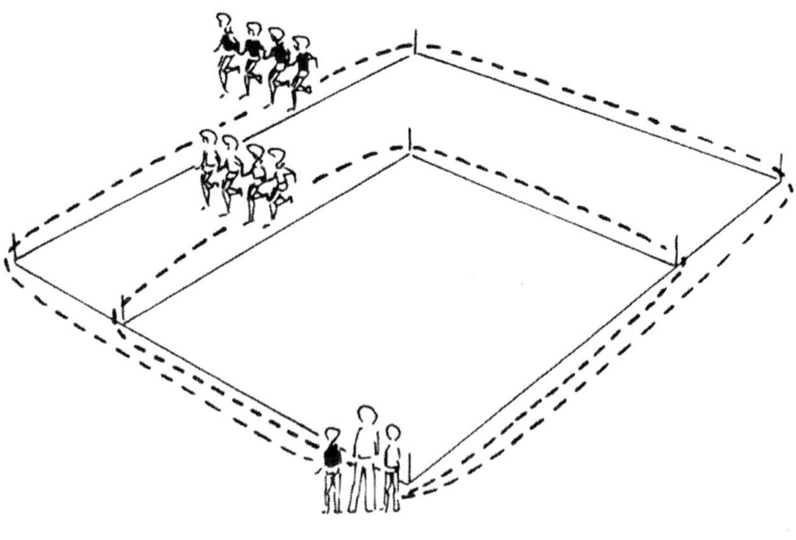

Für jede Gruppe ist ein ihrer Laufgeschwindigkeit entsprechendes Viereck abgesteckt. Die Stärke der einzelnen Laufgruppen bestimmt den Gesamtumfang der Belastung. Bei gleichzeitigem Start vieler Gruppen kann das Feld dadurch entzerrt werden, dass die Gruppen an verschiedenen Ecken des Laufvierecks beginnen.

Variation: Mit unterschiedlichem Tempo durch das Schulgelände

Trabstaffel im Wechsel von zwei Gruppen

Die Klasse wird in homogene Mannschaften eingeteilt, die ihrerseits je zwei Gruppen bilden. Je nach Trabtempo sind verschiedene Seitenlängen des Laufvierecks eingemessen. Die Aufgabe besteht darin, mehrere Runden in vorgegebenem Trabtempo zu laufen, wobei die Gruppen einer Mannschaft im Wechsel immer je eine oder zwei Runden zurücklegen.

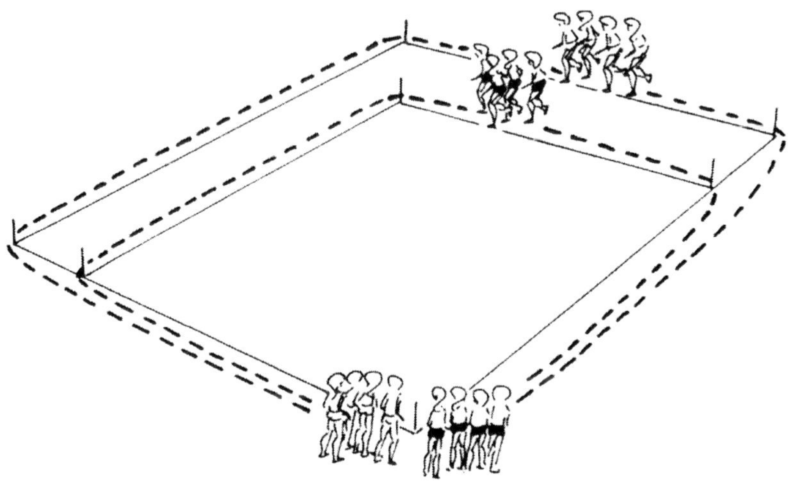

Trabstaffel im Wechsel von zwei Gruppen mit unterschiedlichem Trabtempo

Die Klasse wird wie bei der vorherigen Wettspielform in zwei Mannschaften eingeteilt. Das Lauftempo der einzelnen Mannschaftsmitglieder wird jetzt aller-

dings differenziert gestaltet, indem jeder einzelne Läufer sich das Viereck aussuchen kann, auf dem er die Laufstrecke zurücklegen will.
Jede Mannschaft teilt sich in zwei Gruppen, die im Wechsel jeweils eine oder zwei Runden zurücklegen. Je nach Trabtempo sind verschiedene Seitenlängen

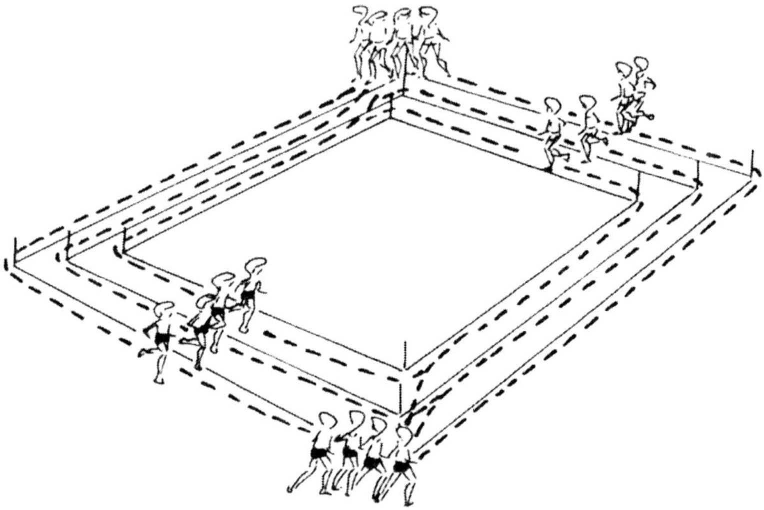

des Vierecks eingerichtet, und jeder Läufer legt seinen Laufweg auf der ihm angemessenen Runde zurück. Die Aufgabe besteht darin, eine vorher festgelegte Rundenzahl in vorgegebener Zeit zurückzulegen.

Trabstaffel zu dritt

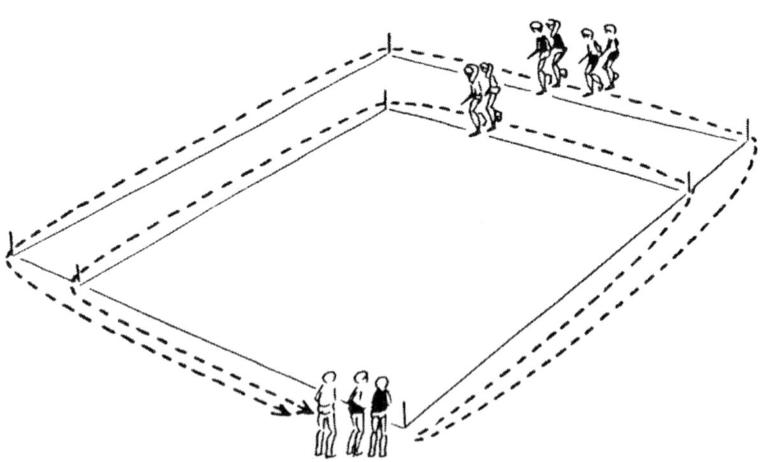

Die Klasse wird in homogene Dreiergruppen aufgeteilt. Von den drei Schülern laufen jeweils zwei, der dritte bleibt abwechselnd „zu Hause". Die Trabstaffel kann auf unterschiedlichen Laufwegen durchgeführt werden. Unser Beispiel bezieht sich wieder auf das Viereck. Je nach Lauftempo der Gruppen sind verschiedene Seitenlängen eingemessen. Die Aufgabe gesteht wieder darin, eine vorher festgelegte Rundenzahl im „richtigen" Trabtempo zu durchlaufen. Gewinner des Wettbewerbs ist die Staffel, die genau in der vorgegebenen Zeit bleibt bzw. dieser am nächsten kommt.

Sternlauf

Von einem zentralen Start- / Zielpunkt werden verschiedene Ziele sternartig angelegt und hin und zurück angelaufen. Die Gesamtlaufstrecke ist bekannt, so dass für jede Gruppe auch die Gesamtlaufzeit feststeht. Die Gruppen beginnen ihren Lauf in verschiedenen Richtungen. Gewinner des Wettbewerbs ist die Gruppe, die ihre Zeit (je nach Leistungsstand verschiedene Laufzeiten) am besten einhält.

Variation: Trabstaffel als Sternlauf, z.B. in Dreiergruppen. Je zwei umlaufen einen Zielpunkt, am Start- und Zielpunkt wird jeweils in fester Reihenfolge gewechselt.

„Tempogefühl-Lauf" durchs Schulgelände

Wir wählen im Schulgelände eine feste Laufstrecke, deren Länge genau eingemessen ist. Die Streckenführung sollte so gewählt werden, dass sowohl die „Joggermeile" (siehe S. 81) als auch der „Crosslauf im Schulgelände" (siehe S. 97) dort durchgeführt werden können. Die bekannte Strecke führt erfahrungsgemäß dazu, dass die Schüler auch in ihren Pausen trainieren. Die Laufstrecke wird zunächst einmal, später auch zweimal und dreimal durchlaufen. Das bessere Tempogefühl hat die Gruppe, die ihre Zeit am besten einhält.

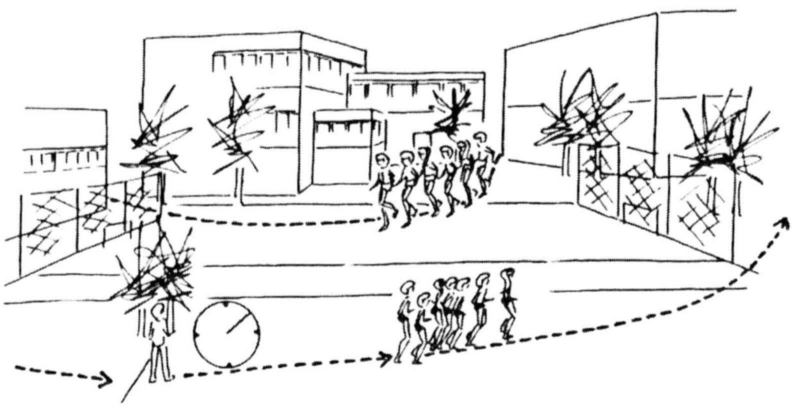

Beispiel: Streckenlänge: 803 m
Gruppe 1 (7:00 Minuten auf 1000 m) 1 Runde in 5:37 Minuten
Gruppe 2 (6:30 Minuten auf 1000 m) 1 Runde in 5:13 Minuten

Entgegen im Schulgelände

Wir wählen die im Schulgelände festgelegte Laufstrecke. Tempogleiche Gruppen

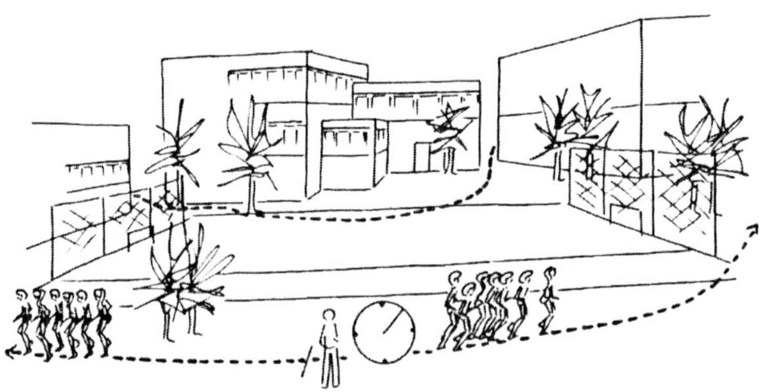

werden geteilt und laufen in entgegengesetzter Richtung. Je nach Leistungsstand und Länge der Strecke kann einmal oder mehrmals herumgelaufen werden oder zunächst einmal, dann zweimal usw. Durch geeignete Startfolge der Gruppen können die für ein fortgeschrittenes Intervall-Traben günstigen Pausen erreicht werden. Die progressive Steigerung gewährt die von DIEM (1984) als besonders günstig herausgestellte Pausengestaltung schwerpunktmäßig zu Beginn der Gesamtbelastung.

Überprüfung der Ausdauerleistungsfähigkeit Laufabzeichen

Günstiges Kriterium zur Überprüfung der Ausdauerleistungsfähigkeit im aeroben Bereich bei vor allem breitensportlicher Orientierung ist die Zeitmaximierung. Als große Ziele für die Kleinen, aber durchaus auch für jeden Anfänger bieten sich die ersten beiden Stufen des DLV-Laufabzeichens, zu erhalten bei den Geschäftsstellen der Kreisleichtathletikverbände bzw. bei den jeweiligen Landesverbänden, an:

1. Stufe: *15minütiger Dauerlauf ohne Pause*
2. Stufe: *30minütiger Dauerlauf ohne Pause*

Die Anforderungen gehen in ihrer Stufigkeit mit den Zielen des Unterrichts im Grundlagenbereich konform, nämlich eine immer längere Strecke / Zeit in langsamem, gleichmäßigem Tempo zu laufen. Sie bieten darüber hinaus eine ausgezeichnete Möglichkeit zur Überprüfung des erreichten Leistungsstandes, und sie sind für den Schüler eine Bestätigung seines Könnens. Die Motivation, noch weitere Stufen des Laufabzeichens zu erwerben, ist nicht selten verbunden mit einer Motivation, das Trablaufen auch außerhalb der Unterrichtszeit zu betreiben. Schüler sind erfahrungsgemäß immer wieder erstaunt, dass es ihnen gar nicht schwer fällt, eine so lange Zeit mit den *eigenen körperlichen Kräften* laufen zu können.

Die großen zeitlichen Abstände zwischen den einzelnen Stufen können durch Einschalten von Zwischenstufen verringert werden, wie z.B. 5 Minuten, dann 10 Minuten Dauerlauf ohne Pause, und die Spanne zwischen 15 und 30 Minuten kann gegebenenfalls noch einmal halbiert werden. Auf die Vergabe schulinterner Abzeichen sollte allerdings verzichtet werden, weil die Anerkennung sonst schnell an Reiz verliert. Die Zwischenstufen sind eher als Unterrichtsziele zu verstehen, die für die gesamte Klasse gesetzt werden.

Das Laufabzeichen 2. Stufe ist im Allgemeinen bei den zeitlich begrenzten Möglichkeiten das höchste im normalen Sportunterricht der Schule zu erwerbende Abzeichen. Der gesundheitlich-präventiven Absicht ist damit für Kinder

LAUFABZEICHEN

15 Minuten
Laufen ohne Pause,
Tempo beliebig

Laufabzeichen-Ausweis

Name* Vorname* Jahrgang

hat mit **15 Minuten** Laufen die Bedingungen der **1. Stufe** erfüllt.

Ort

Datum Stempel und Unterschrift

* bitte Druckbuchstaben

30 Minuten
Laufen ohne Pause,
Tempo beliebig

Laufabzeichen-Ausweis

Name* Vorname* Jahrgang

hat mit **30 Minuten** Laufen die Bedingungen der **2. Stufe** erfüllt.

Ort

Datum Stempel und Unterschrift

* bitte Druckbuchstaben

60 Minuten
Laufen ohne Pause,
Tempo beliebig

Laufabzeichen-Ausweis

Name* Vorname* Jahrgang

hat mit **60 Minuten** Laufen die Bedingungen der **3. Stufe** erfüllt.

Ort

Datum Stempel und Unterschrift

* bitte Druckbuchstaben

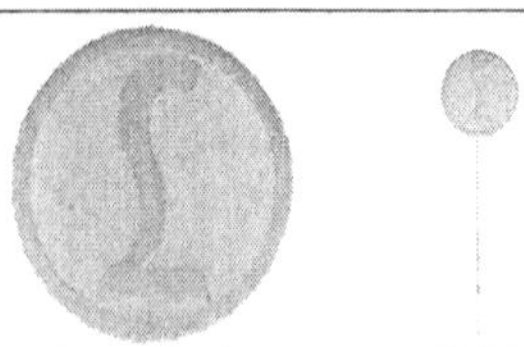

90 Minuten
Laufen ohne Pause,
Tempo beliebig

Laufabzeichen-Ausweis

Name* Vorname* Jahrgang

hat mit **90 Minuten** Laufen die Bedingungen der **4. Stufe** erfüllt.

Ort

Datum Stempel und Unterschrift

* bitte Druckbuchstaben

120 Minuten
Laufen ohne Pause,
Tempo beliebig

Laufabzeichen-Ausweis

Name* Vorname* Jahrgang

hat mit **120 Minuten** Laufen die Bedingungen der **5. Stufe** erfüllt.

Ort

Datum Stempel und Unterschrift

* bitte Druckbuchstaben

Marathonlauf = 42 195 m
für die erfolgreiche Teilnahme
an einem Marathonlauf

Laufabzeichen-Ausweis

Name* Vorname* Jahrgang

hat mit **42 195 m** Laufen die Bedingungen für **Marathon** erfüllt.

Ort

Datum Stempel und Unterschrift

* bitte Druckbuchstaben

Deutscher Leichtathletik-Verband

Bedingungen zum Erwerb von DLV-Laufabzeichen

Innerhalb eines Jahres ist die Verleihung aller 6 Stufen möglich. Wiederholungsabzeichen für 5 und 10 Jahre.

Der Deutsche Leichtathletik-Verband ist bemüht, in seinem breiten- und freizeitsportlichen Programm besonders der hohen Bedeutung des Ausdauersports gerecht zu werden.

Die vorteilhafte Rolle des Dauerlaufs ergibt sich zunächst aus den dadurch vermittelten Erlebnissen im Zusammenwirken mit Natureindrücken. Sie steht aber auch im Zusammenhang mit der einengenden Wirkung unserer hochzivilisierten Welt — Bewegungsmangel, Über- und Fehlernährung, Reizüberflutung —, in deren Gefolge psychonervöse Störungen, Herz-Kreislauf- und Stoffwechselerkrankungen Bedeutung haben.

Beschreibung

Als Anreiz, äußere Zielsetzung und Ergänzung des breitensportlichen Angebots stellt sich das **„DLV-Laufabzeichen"** vor. Durch Eliminierung des Zeit-/Streckenfaktors ist diesem Abzeichen der Wettbewerbscharakter genommen. Die Bedingungen für das Erreichen dieses Abzeichens machen ein stufenweise aufbauendes Dauerlauftraining notwendig und können auch von bisher Untrainierten nach regelmäßigem Üben — also mit konditioneller Anpassung — erfüllt werden.

Die einzelnen Abzeichenstufen unterscheiden sich durch Farben und werden als **Anstecknadel** mit einem Durchmesser von 7 mm und als **Stoffabzeichen** mit einem Durchmesser von 45 mm ausgegeben.

Stufe 1:	Silbernes „L" auf grünem Grund
Stufe 2:	Silbernes „L" auf rotem Grund
Stufe 3:	Goldenes „L" auf blauem Grund
Stufe 4:	Silbernes „L" auf lila Grund
Stufe 5:	Silbernes „L" Abzeichen
Marathonabzeichen:	Goldenes „ML" Abzeichen

Die Ausgabe erfolgt wunschgemäß mit oder ohne Angabe der Jahreszahl

Wiederholungsabzeichen mit Silberkranz bzw. Goldkranz

Das Abzeichen mit Silberkranz bzw. Goldkranz kann nach Erfüllung der nachstehenden Bedingungen für die Stufen 2, 3, 4, 5 und Marathon erworben werden.

Abnahmeberechtigung

Abnahmeberechtigt sind:

a) Lauf-Treff-LeiterInnen
b) ÜbungsleiterInnen und TrainerInnen
c) SportabzeichenprüferInnen
d) LehrerInnen aller Schularten, die Sportunterricht erteilen.

Verleihungsrichtlinien

Stufe 1:	15 Minuten Laufen ohne Pause, Tempo beliebig
Stufe 2:	30 Minuten Laufen ohne Pause, Tempo beliebig
Stufe 3:	60 Minuten Laufen ohne Pause, Tempo beliebig
Stufe 4:	90 Minuten Laufen ohne Pause, Tempo beliebig
Stufe 5:	120 Minuten Laufen ohne Pause, Tempo beliebig
Marathonabzeichen:	Marathonlauf — 42 195 m für die erfolgreiche Teilnahme an einem Marathonlauf

Die Prüfungen für die Abzeichenstufen können innerhalb eines Jahres abgelegt werden.

Bei Nachweis der jeweils geforderten Leistung durch Eintragung in den Laufabzeichenausweis in weiteren 4 bzw. 9 Jahren kann das **Wiederholungsabzeichen**, mit einem silbernen bzw. goldenen Kranz erworben werden.

Für jede Stufe gibt es eine gesonderte Ausweiskarte. Nach Erfüllung der Bedingungen wird die entsprechende Ausweiskarte mit Namen, Vornamen, Geburtsjahrgang, Erfüllungsort und Abnahmedatum versehen. Die Beglaubigung erfolgt durch Unterschrift und wird durch Vereins-, Behörden- oder Prüfstempel ergänzt. Auf der Rückseite des Ausweises werden die Wiederholungsprüfungen eingetragen; damit entfällt ein zusätzlicher Ausweis für die Wiederholungsprüfungen.

Erst nach Erfüllung der Bedingungen und mit dem Besitz der beglaubigten Ausweiskarte kann das betreffende Abzeichen beim Abnahmeberechtigten bestellt werden.

Bezugsmenge und Preise

Für den **Ausweis** wird eine Schutzgebühr von -,30 DM pro Stück erhoben.

Der Preis für eine **Nadel** oder ein **Stoffabzeichen** (mit oder ohne Jahreszahl) beträgt jeweils 2,50 DM.

Bestellungen und Bezahlung

Die Ausweise und Abzeichen können **nur** über den zuständigen Landesleichtathletik-Verband bestellt werden, an den auch die Zahlung zu leisten ist.

Deutscher Leichtathletik-Verband · Alsfelder Straße 27 · 64289 Darmstadt

Stand April 2000

und Jugendliche auch weitgehend Genüge getan. Entscheidend ist vielmehr die regelmäßige Wiederholung von Dauerläufen dieser zeitlichen Dimension.

Höhere Stufen des Laufabzeichens bleiben der freiwilligen Initiative vorbehalten, können aber auch mit einem „Tag des Laufes" oder mit einem an der Schule eingerichteten Lauftreff weiter verfolgt werden. Vor Übertreibungen muss allerdings gewarnt werden.

Cooper-Test

Geeignete Leistungsüberprüfung für eine mehr leistungssportliche Differenzierung (Zeitminimierung), z.B. mit der Absicht, eine Mannschaft für einen Crosslauf zusammenzustellen, bietet der Cooper-Test.

	11 J		12 J		13 J	
Ausdauer	Ju	Mä	Ju	Mä	Ju	Mä
ausgezeichnet	2800	2600	2850	2650	2900	2700
sehr gut	2600	2400	2650	2450	2700	2500
gut	2200	2000	2250	2050	2300	2100
befriedigend	1800	1600	1850	1650	1900	1700
förderungsbedürftig	1200	1000	1250	1050	1300	1100
sehr förderungsbedürftig	weniger als obige Meterzahl					

	14 J		15 J		16 J	
Ausdauer	Ju	Mä	Ju	Mä	Ju	Mä
ausgezeichnet	2950	2750	3000	2800	3050	2850
sehr gut	2750	2550	2800	2600	2850	2650
gut	2350	2150	2400	2200	2450	2250
befriedigend	1950	1750	2000	1800	2050	1850
förderungsbedürftig	1350	1150	1400	1200	1450	1250
sehr förderungsbedürftig	weniger als obige Meterzahl					

(KREISS 1973)

Der Cooper-Test wird mit Vorliebe an den Anfang von Unterrichtseinheiten mit dem Thema Laufausdauer gesetzt, um die Einstiegsvoraussetzungen zu testen, und so auch für die Grundschule empfohlen. Dass das ein falsches, sogar gefährliches Vorgehen sein kann, liegt bei der deutlich leistungssportlich orientierten Ausrichtung des Cooper-Tests und der für Anfänger langen Belastungszeit auf der Hand (Streckenmaximierung pro Zeiteinheit). Dazu kommt die „falsche Motivation", einen besonderen Leistungsnachweis erbringen zu wollen. Deshalb sollte der Cooper-Test erst dann eingesetzt werden, wenn ein entsprechender Grundstock an Ausdauerleistungsfähigkeit erarbeitet worden ist. Dann allerdings besitzt er eine gute Aussagekraft.

Der Cooper-Test kann bei entsprechender Grundlegung mehrfach im Jahr zur Überprüfung der Ausdauerleistungsfähigkeit herangezogen werden. Er ist eine ausgezeichnete Leistungskontrolle für den Schüler, da er mit seiner Hilfe die Verbesserung der eigenen Ausdauer anschaulich überprüfen kann.

Joggermeile

Ein ideenreiches Wettkampfangebot ist auch im Schulsport das *Salz in der Suppe*, hier erfahrungsgemäß sogar im besonderen Maße. Schüler sind für bestimmte Angebote besser zu motivieren, wenn als Zielperspektive ein Wettkampf in Aussicht gestellt wird, bei dem sie ihre erarbeiteten und erlernten Fähigkeiten unter Beweis stellen können. Es ist eine lohnende Aufgabe, über inhaltsbezogene Wettkampfangebote nachzudenken, die geeignet sind, die im Unterricht erarbeiteten Teilziele angemessen abzuschließen.

Ein ausgesprochen gutes Wettkampfangebot als Perspektive und Abschluss einer Unterrichtseinheit „Tempogewöhnung" und „Tempogefühl" ist die *Joggermeile*. Gelaufen wird eine Strecke von 1 Meile (= 1609 m). Jeder gibt vor dem Lauf die Zeit an, die er für die Bewältigung der Strecke zu benötigen meint. Die geschätzte Zeit wird schriftlich festgehalten und nach dem Lauf mit der tatsächlichen Laufzeit verglichen. Sieger ist nicht der Schnellste, sondern wer seine Zeit am besten trifft.

Die breitensportliche Ausrichtung macht die Joggermeile für alle Schüler, unabhängig vom Leistungsstand, attraktiv. Es können Klassen-, Jahrgangs- und Schulsieger ermittelt und bei Addition der Differenzen auch Mannschaftswettbewerbe durchgeführt werden, bei denen jeder Einzelne eine wichtige Aufgabe erfüllt.

Eine interessante Variante ist der Jahrgangslauf. Die Schüler starten nach Jahrgängen getrennt und legen ihren Geburtsjahrgang in Metern zurück (Beispiel: Jahrgang 1985 läuft 1985 m).

Bei der Organisation und Durchführung der Joggermeile / dem Jahrgangslauf bedarf der Zieleinlauf bei großen Teilnehmerfeldern besonderer Beachtung. Zur Kontrolle der Reihenfolge des Einlaufs hat sich der „Einlauftrichter“ bewährt, der allmählich so eng wird, dass die Einlaufenden nur noch einzeln hintereinander hineinpassen. Die Zeitnahme erfolgt am Beginn des verengten Einlauftrichters mit laufender Uhr (Laufzeit nur auf die Sekunde genau). Die Zeiten der Teil-

nehmer werden in Reihenfolge des Einlaufs notiert (Achtung: bei gleicher Zeit die Anzahl vermerken).

Am Ende des Trichters werden die Startnummern (oder die mitgeführten Laufkarten) gesammelt und in Reihenfolge des Einlaufs auf einen dünnen Metallstift

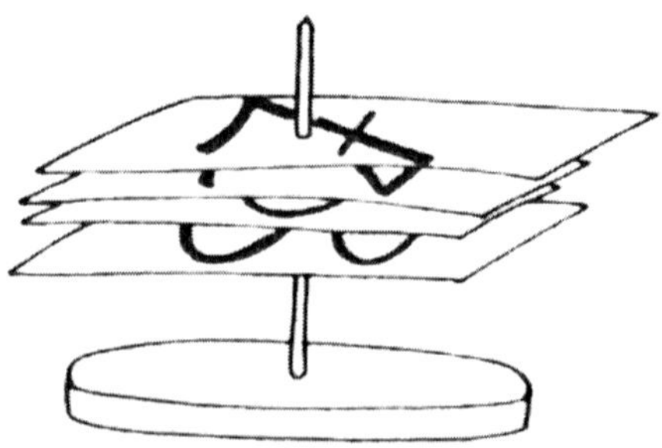

(z.B. Nagelbrett; siehe Abbildung) aufgesteckt. Auf diese Weise kann die Reihenfolge ohne großen Aufwand festgehalten werden. Durch einen Vergleich von

Zeiten und aufgesteckter Einlaufreihenfolge wird schließlich das Ergebnis ermittelt.

Joggermeile als Mannschaftswettbewerb

Zum Laufwettbewerb (auch beim Lauftag der Schule) treten nicht Einzelläufer, sondern Mannschaften gegeneinander an. Jeder einzelne Läufer schätzt seine Zeit für die ausgewählte Strecke. Jede Mannschaft addiert die Laufzeiten der einzelnen Läufer und gibt die addierte Zeit als Laufzeit an.

Die Mannschaft

Nach Abschluss des Laufes werden alle einzelnen Laufzeiten der Mannschaftsmitglieder addiert und mit der geschätzten Zeit verglichen. Wer am nächsten dran ist, ist Mannschaftssieger.

Kombinationslauf: Laufen und Radfahren

Wer aus dem Schulgelände hinaus will, steht oft vor einer Reihe von Fragen: Wie schaffe ich das alles in der kurzen mir zur Verfügung stehenden Zeit? Wie kann ich trotz der relativ weiten Strecke für einen angemessenen Wechsel von Belastung und Erholung sorgen? Wie bekomme ich alle diejenigen wieder zurück, die unterwegs der Mut zum Laufen verlässt? Wie trage ich alle die Materialien mit, die ich für den Notfall brauche? usw.

Für all diese Fragen ist das Fahrrad die richtige Antwort. Wenn je zwei Schüler mit einem Fahrrad ausgerüstet sind, so dass sie sich beim Laufen und Begleiten abwechseln können, das Fahrrad aber auch als Transportmittel eingesetzt werden kann, kann man das Schulgelände beruhigt verlassen und findet für alle Notfälle die richtige Unterstützung.

Paar-Duathlon

Wenn pro Paar ein Fahrrad zur Verfügung steht, kann ein großer Rundkurs außerhalb des Schulgeländes als Wettbewerbsstrecke gewählt werden. Bedingung ist lediglich, dass es sich um eine Strecke fernab vom Autoverkehr handelt und dass der gewählte Weg mit dem Fahrrad befahrbar ist. Die Paare wechseln sich beim Laufen ab. Wer nicht läuft, fährt, bis er wieder dran ist, mit dem Fahrrad neben seinem Partner her.

Ausdauerlauf mit Zusatzaufgaben

Die folgenden Aufgaben können methodisch nicht eindeutig zugeordnet werden. Wann sie durchgeführt werden, hängt vom Alter ab. Für die Kleinen, z.B. für Grundschüler, hätten sie auch ganz am Anfang stehen können. Lange und längere Belastungen sind für sie zwar, wie wir gesehen haben, von ihrer Belastungsfähigkeit her völlig unproblematisch, es entspricht aber durchaus ihrem Naturell, sich relativ kurzzeitig zu belasten, und nach einer kurzen Pause sind sie dann wieder einsatzfähig. Anders verhält es sich bei Jugendlichen. Für sie ist dieser methodische Platz richtig gewählt. Ihnen sollten die folgenden Aufgaben erst dann angeboten werden, wenn sie ausreichend Erfahrungen mit dem Ausdauerlaufen gemacht haben, sie längere Laufstrecken und die mit ihnen zusammenhängenden Belastungen einschätzen können, wenn sie gelernt haben, sich längere Laufstrecken einzuteilen und wenn eine ausreichende Ausdauerleistungsfähigkeit erarbeitet worden ist. Die vielen „Wenns" werden für den Unterricht mit Jugendlichen an den Anfang gestellt, weil Läufe mit Zusatzaufgaben oft mit großen Anreizen einhergehen und bei Ungeübten, die sich ihre Belastung nicht einteilen können, zu negativen Erlebnissen und sogar zu Überforderungen führen können.

Zusatzaufgaben können ganz unterschiedlicher Art sein. Sie reichen bei den hier dargestellten Beispielen von Würfelspielen über Puzzlespiele, Ratespiele und Schatzsuche bis hin zu Biathlon-Läufen.

Würfel-Lauf

Für den Würfel-Lauf ist ein Rundkurs eingerichtet, bei dem etwa auf halber Strecke eine Würfel-Station eingerichtet ist. Hier geht es darum, ein oder mehrmals zu würfeln und die gewürfelten Zahlen auf einem Zahlenbogen auszustreichen.

1	1	1	1	1	1
2	2	2	2	2	2
3	3	3	3	3	3
4	4	4	4	4	4
5	5	5	5	5	5
6	6	6	6	6	6

Die Klasse wird in mehrere Mannschaften eingeteilt. Das können Zweiergruppen, Dreiergruppen oder größere Gruppen sein. Jede Mannschaft besitzt eine Würfelstation mit einem Zahlenbogen. Gelaufen wird abwechselnd in Mannschaftsteilen. Jede Mannschaft besteht aber mindestens aus zwei Läufergruppen, die sich beim Laufen abwechseln, so dass nach einer Belastungsphase immer wieder Zeit zur Erholung ist.

Gewinner ist bei diesem Wettbewerb die Mannschaft, der es zuerst gelingt, alle Zahlen auf dem Zahlenbogen zu würfeln und auszustreichen.

~~1~~	~~1~~	~~1~~	~~1~~	1	1
~~2~~	~~2~~	~~2~~	2	2	2
~~3~~	~~3~~	~~3~~	~~3~~	~~3~~	3
~~4~~	~~4~~	4	4	4	4
~~5~~	~~5~~	~~5~~	~~5~~	~~5~~	~~5~~
~~6~~	~~6~~	6	6	6	6

Wer es nicht schafft, eine noch offene Zahl zu würfeln, kehrt unverrichteter Dinge wieder zurück. Die Mannschaft, die nicht gewinnt, wird nicht traurig sein; sie hat einfach Pech beim Würfeln gehabt.

Der Würfel-Lauf kann durch die Wahl des Geländes und die Anzahl der Stationen variiert werden. An jeder Station wird eine festgelegte Anzahl von Würfen ausgeführt. Die erzielten Werte werden auf dem Zahlenblock ausgestrichen. Die Organisation erfolgt in der schon bekannten Weise mit einem Wechsel von Belastung und Erholung, d.h. jede Mannschaft ist mindestens in zwei Teile geteilt, von denen jeweils nur einer unterwegs ist.

Puzzle-Lauf

Beim Puzzle-Lauf besteht die Zusatzaufgabe darin, Puzzle-Bilder zusammenzustellen. Jede Mannschaft erhält dafür eine eigene Bildvorlage, die das Gesamtbild und den Schnitt der Puzzle-Teile anzeigt. Die einzelnen Puzzle-Teile befinden sich an einer entfernten Station mitten auf der Laufstrecke. Jede Mannschaft hat ihre eigene Sammelstelle (z.B. einen Karton). Die Aufgabe besteht darin, auf einem festgelegten Weg zur Sammelstelle zu laufen, dort ein passendes Bild auszusuchen und dann wieder zurückzukehren. Bei jedem Lauf darf nur ein Bild mitgenommen werden.

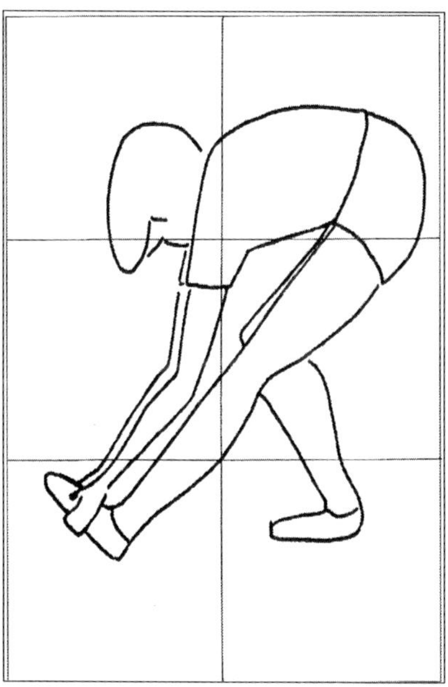

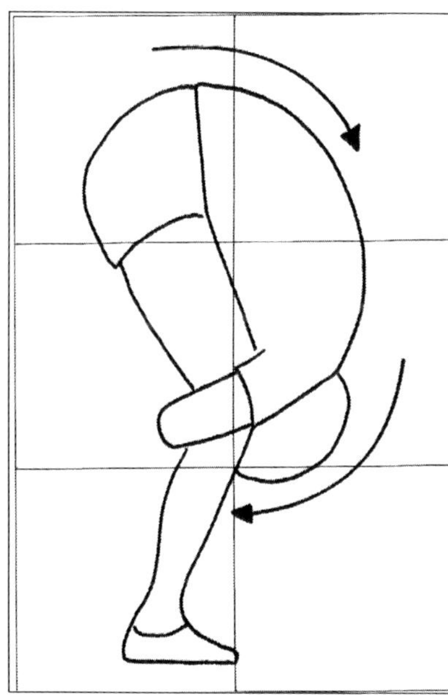

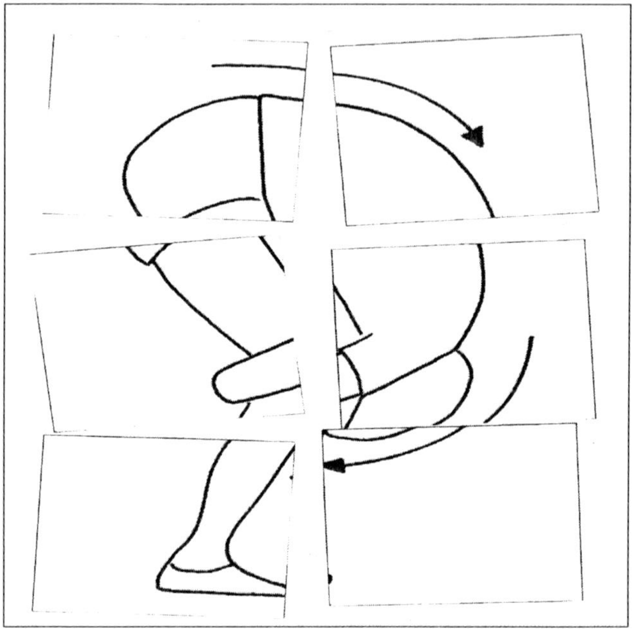

Um die Belastung in Grenzen zu halten, wird jede Mannschaft in zwei Teile geteilt, von denen nur immer einer unterwegs ist, während der andere Pause hat. Die Läufer einer Mannschaft fassen an ein Seil, damit sie als Laufgruppe zusammenbleiben.

Sammelstelle

Einen Satz erraten

Wie der Titel verrät, geht es bei dieser Zusatzaufgabe darum, einen Satz zu erraten. Die Buchstaben des Satzes müssen erlaufen werden.

_____ _A____ ___ _______ _A_ ______.

_____ _A____ ___ _____C_ _A_ ______.

_____ _A____ ___ __D__C_ _A_ ___D__.

_E__E _A__E_ ___ E_D__C_ _A_ __EDE_.

_E__E _A_FE_ ___ E_D__C_ _A_ __EDE_.

HE__E _A_FE_ ___ E_D__CH _A_ __EDE_.

HE__E _A_FE_ _I_ E_D_ICH _A_ _IEDE_.

HE__E LA_FE_ _I_ E_DLICH _AL _IEDE_.

HE__E LA_FE_ _I_ E_DLICH MAL _IEDE_.

HE__E LA_FEN _I_ ENDLICH MAL _IEDE_.

HE__E LA_FEN _IR ENDLICH MAL _IEDER.

HE_TE LA_FEN _IR ENDLICH MAL _IEDER.

HEUTE LAUFEN _IR ENDLICH MAL _IEDER.

HEUTE LAUFEN WIR ENDLICH MAL WIEDER.

Jede Mannschaft bekommt zwei Kontrollzettel mit Leerstellen, auf denen zunächst nur die Positionen der Buchstaben aufgezeichnet sind. Einer dieser Zettel wird beim Laufen mitgeführt, damit die erlaufenen Buchstaben dort aufgeschrieben werden können, der andere Zettel bleibt „zu Hause“. Auf ihn werden die zurückgebrachten Buchstaben übertragen.

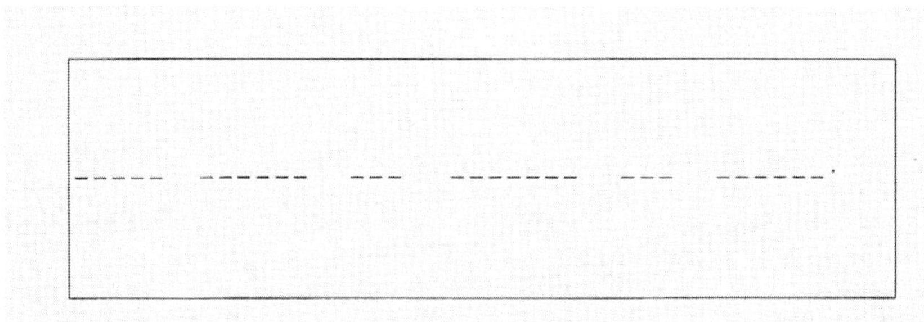

Laufzettel

Die Mannschaften werden wie schon beim Puzzle-Lauf in zwei Teilgruppen eingeteilt, von denen immer eine unterwegs ist, während die andere „nachdenkt“. Die Laufgruppe läuft auf einem verabredeten Weg zum Lehrer, der ihnen, beginnend mit A, bei jedem Lauf einen weiteren Buchstaben des Satzes in Reihenfolge des Alphabets zeigt. Beim ersten Lauf zeigt er nur, an welchen Stellen der Buchstabe A im Satz vorkommt, beim zweiten Lauf, wo der Buchstabe B vorkommt usw. Die so erlaufenen Buchstaben werden auf den Kontrollzettel übertragen, auf dem verabredeten Weg „nach Hause“ gebracht und dort auf den zweiten Zettel

übertragen, damit die Gruppe, die jeweils nicht unterwegs ist, über den Satz nachdenken kann. Es gewinnt nämlich nicht die Gruppe, die zuerst alle Buchstaben zusammengetragen hat, sondern diejenige, die den Satz zuerst erraten hat. Deshalb bietet sich die Gestaltung des Laufweges in der Weise an, dass die Position des Lehrers mit der Veröffentlichung der Buchstaben relativ nah an der Start- und Zielposition ist. Wer meint, den Satz erraten zu haben, hat so die Möglichkeit, dem Lehrer das Ergebnis sofort mitzuteilen bzw. weiterzumachen, wenn es nicht stimmt.

Die Läufer der Gruppen erfassen ein Springseil. Auf diese Weise laufen sie ein gemeinsames Tempo, bleiben zusammen und lösen die Aufgabe gemeinsam.

Schatzsuche

Am Rande eines überschaubaren Platzes sind „Schätze" versteckt. Sie befinden sich, wie auch eine Reihe von „Nieten", unter dort aufgestellten und gut sichtba-

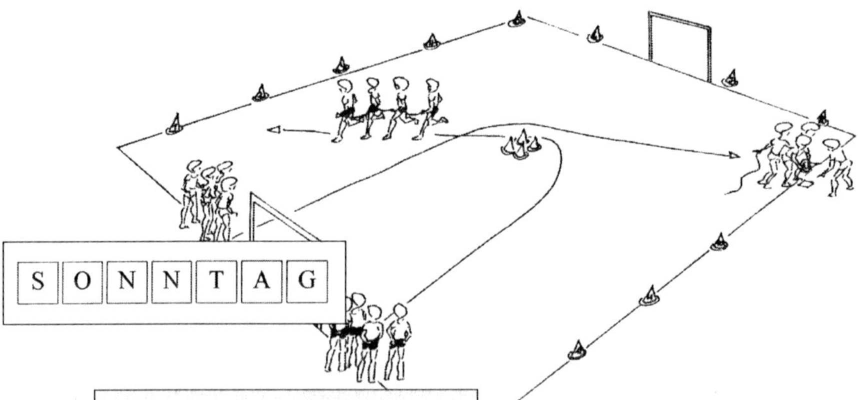

ren Hütchen; man kann aber nicht erkennen, unter welchen Hütchen „Schätze" und unter welchen „Nieten" liegen. Die Aufgabe besteht darin, bei jedem Lauf nur ein Hütchen auf einem vorher verabredeten Weg anzulaufen. Wird ein „Schatz“ gefunden, wird dieser auf dem gleichen Wege mit „nach Hause“ gebracht. Wird ein Hütchen mit einer „Niete“ angelaufen, muss die jeweilige Laufgruppe ebenfalls zurückkehren.

Wie bei den vorherigen Läufen mit Zusatzaufgaben treten mehrere Mannschaften gegeneinander an, und jede Mannschaft teilt sich in zwei Teile, von denen immer einer läuft, während der andere Pause hat. Damit die Laufgruppen zusammenbleiben, erfassen alle Läufer ein Seil, das sie während des Laufes verbindet.

Als „Schätze“ eignen sich Buchstaben eines Wortes, die, auf Pappe gezogen, unter den Hütchen platziert werden. Jede Mannschaft sammelt ihre eigenen „Schätze“, die zur Unterscheidung z.B. je Mannschaft mit einer besonderen Farbe gekennzeichnet sind.

„Schätze“: Mannschaft 1

S	O	N	N	T	A	G

„Schätze“: Mannschaft 2

H	A	M	S	T	E	R

Lauf-Biathlon

Beim Lauf-Biathlon wird der Ausdauerlauf mit einer Wurfaufgabe kombiniert. Das führt zu einer pädagogisch interessanten Wettkampfidee, weil schwächere Laufleistungen mit erfolgreichen Wurfleistungen ausgeglichen werden können und auf diese Weise den Werfern immer wieder die Möglichkeit gegeben wird, an die guten Läufer verlorenen Boden wieder aufzuholen.

Bei den Wurfaufgaben steht, wie es beim Biathlon üblich ist, die Wurfgenauigkeit im Mittelpunkt. Durch ihre Variation, denn sie können ganz unterschiedlich gestaltet werden, können die Aufgaben des Lauf-Biathlon immer wieder interessant zusammengestellt werden.

In dem dargestellten Beispiel besteht die Wurfaufgabe darin, kleine Bälle (Schlag-, Tennis- oder Schaumstoffbälle) in Gefäße (z.B. Eimer, die allerdings innen mit Schaumstoff ausgelegt sind, damit die Bälle nicht wieder hinausspringen) zu werfen. Jede Gruppe hat z.B. drei Würfe und muss drei Treffer erzielen. Für jeden verworfenen Ball muss eine „Strafrunde" auf einer vorher festgelegten Strecke gelaufen werden.

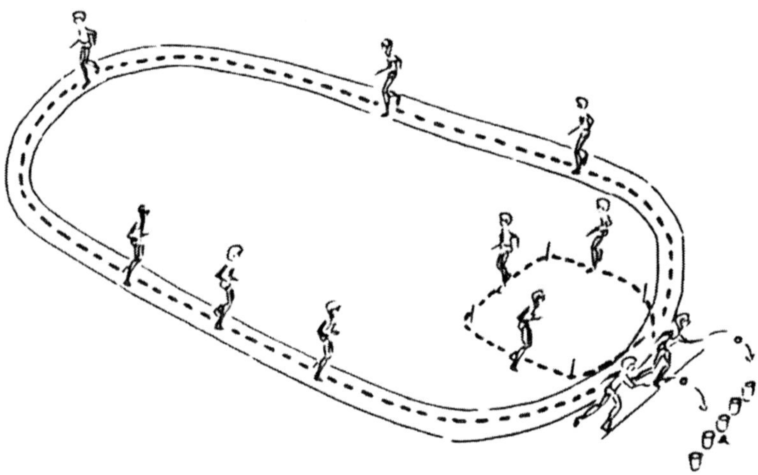

Wenn man auf eine „Strafrunde" verzichten will, kann die Zusatzaufgabe auch so aussehen: Ein Ziel (z.B. eine Fliese) soll mit Gummiringen getroffen werden. Jeder Werfer muss so lange werfen, bis er drei Treffer erzielt hat (der Ring muss auf der Fliese liegen bleiben).

Schnell organisiert ist der Lauf-Biathlon auf dem Sportplatz. Es werden z.B. vier Runden gelaufen, und nach jeder Runde muss die Wurfaufgabe erfüllt werden.

Damit die Mannschaften relativ eng beieinander bleiben und sich an der Wurfstation unterstützen können, ist es sinnvoll, Folgendes festzulegen: Jeder Läufer einer Mannschaft kann die Sportplatzrunde so schnell laufen wie er mag. Nach dem Werfen allerdings muss er so lange warten, bis alle Wurfaufgaben erledigt sind. Erst dann darf die nächste Runde in Angriff genommen werden.

Interessanter als auf dem Sportplatz ist der Lauf-Biathlon im Schulgelände. Es wird ein Rundkurs festgelegt, der mehrmals zu durchlaufen ist. Jede neue Runde darf erst nach Erfüllen der Wurfaufgabe bzw. dem Absolvieren der Strafrunden angegangen werden.

Der „Lauf-Biathlon" kann als Einzel- oder als Mannschaftswettbewerb durchgeführt werden. Der Mannschaftswettbewerb hat den Vorteil, dass bis zum Schluss Ungewissheit über den Ausgang besteht, so dass auch für die Letzten noch genügend Reiz zum Laufen vorhanden ist. Man kann allerdings auch verlangen, dass die Mannschaften während des gesamten Laufes zusammenbleiben bzw. dass sie an den Wurfstationen, wie oben dargestellt, immer aufeinander warten müssen.

Lauf-Biathlon mit mehreren Stationen

Auf einem größeren Rundkurs besteht die Möglichkeit, mehrere unterschiedliche Wurfstationen einzurichten. Die Wurfaufgaben reichen von Schlagwürfen bis hin zu Drehwürfen und sie schließen mit den Bananenkartons und den Schweifbällen das aus der Spielleichtathletik bekannte Material ein. Die Länge der Strecken zwischen den Wurfstationen bestimmt auch die Lauftempogestaltung.

Variante: „Zeitschätz-Biathlon“

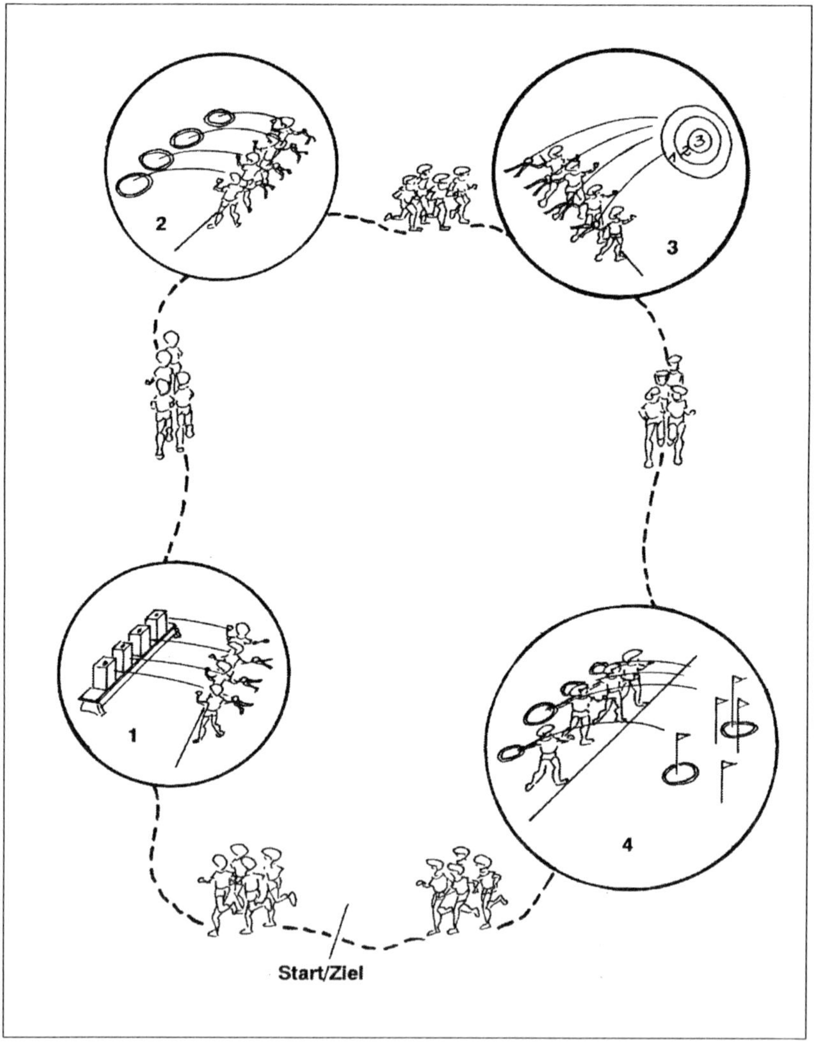

Eine interessante Variante ist der „Zeitschätz-Biathlon“, bei dem - innerhalb einer Maximalzeit - die Laufzeit vorher geschätzt werden muss, eventuelle Strafrunden eingerechnet. Diese Art der Aufgabenstellung trägt erheblich zur Beruhigung des Lauftempos bei. Gewinner des Wettbewerbs ist die Mannschaft, die ihre vorgegebene Zeit am besten trifft.

Variante: „Mini-Maxi-Biathlon“

Ähnlich ruhig geht es beim „Mini-Maxi-Biathlon“ zu. Bei diesem wird für die Bewältigung der Aufgabe eine Minimalzeit und eine Maximalzeit gesetzt. Die Mannschaften müssen innerhalb der Zeitspanne, die im Allgemeinen ein paar Minuten beträgt, ins Ziel kommen. An den Wurfstationen werden pro Treffer Punkte vergeben. Gewinner ist die Mannschaft, die in der gesetzten Zeitspanne ins Ziel kommt und bei den Wurfaufgaben die meisten Punkte erzielt hat.

Crosslauf im Schulgelände

Während die Joggermeile und der „Lauf-Biathlon“ eher breitensportlich orientierte Wettkampfprogramme darstellen, ist der Crosslauf eindeutig leistungssportlich orientiert: Es geht darum, eine Strecke in möglichst kurzer Zeit zu bewältigen (Zeitminimierung). Die bisherige Ausbildung der Ausdauerleistungsfähigkeit ist eine angemessene Grundlage für einen solchen Wettbewerb. Gegebenenfalls gibt der Cooper-Test Auskunft darüber, wer die notwendigen Voraussetzungen für einen Crosslauf noch nicht erbringt.

Die Streckenführung sollte mit einem möglichst großen Rundkurs durch das Schulgelände so angelegt werden, dass es über verschiedene Bodenbedeckungen und - wenn möglich - auch mal hoch und runter geht. Man sollte sich auch nicht scheuen, eine wirklich lange Strecke zu wählen. Die lange Distanz erzwingt ein ruhiges, kontrolliertes Tempo, während kurze Strecken zu schnellem Tempo und zu ungleich höherer Belastung herausfordern. Wer kurze Strecken wählt, riskiert Überforderungen und Erschöpfungserscheinungen und untergräbt so möglicherweise die Motivation für das Ausdauerlaufen.

Beim Crosslauf bedürfen der Start und der Zieleinlauf der besonderen Beachtung. Am Start muss Platz sein, damit auch große Teilnehmerfelder ohne Gedränge auf die Strecke geschickt werden können. Eine Verengung der Laufbahn sollte sich erst dann ergeben, wenn davon auszugehen ist, dass sich das Feld schon entsprechend weit auseinander gezogen hat. Das notwendige „Einfädeln“

auch an dieser Stelle muss durch einen markierten „Trichter“ (z.B. Baustellenabsperrband) rechtzeitig angekündigt werden.

Reicht der zur Verfügung stehende Platz nicht aus, um alle Teilnehmer auf einmal auf den Weg zu schicken, müssen mehrere Startgruppen gebildet werden.

Für den Zieleinlauf hat sich der auch schon für die Joggermeile hilfreiche „Einlauftrichter“ bewährt. Auch hier kann die Reihenfolge des Einlaufs durch Aufstecken der Startnummern festgehalten werden.

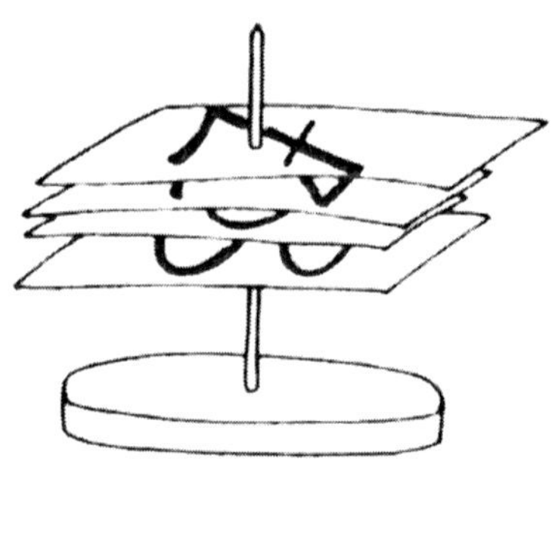

Crossläufe sind ausgezeichnete Schulwettbewerbe, können jedoch auch schulübergreifend als Vergleich oder auch nur klassenintern durchgeführt werden.

Geländelauf

Nach entsprechender Vorbereitung kann das Schulgelände natürlich auch verlassen werden. Das geschieht im Rahmen des traditionellen jährlichen Sportfestes oder im Rahmen einer besonderen Laufveranstaltung. Wenn ein ansprechendes Gelände in der Nähe ist, kann ein Geländelauf auch relativ spontan durchgeführt werden. Je länger die Strecke ist, desto langsamer muss gelaufen werden und desto mehr müssen sich die Läufer ihre Kräfte einteilen.

Für den Organisator stellen sich die schon bekannten Aufgaben beim Start und beim Zieleinlauf.

Orientierungslauf im Schulgelände

Orientierungsläufe werden von Kindern und Jugendlichen erfahrungsgemäß mit großer Begeisterung aufgenommen. Ihre Grundidee ist den beliebten Kinderspielen „Räuber und Gendarm“ und „Schnitzeljagd“ ähnlich. Beim Orientierungslauf geht es darum, im Gelände markierte Punkte (OL-Posten) mit Hilfe einer Karte aufzusuchen. Die Posten sind vor dem Lauf von einem „Bahnleger“ im Gelände mit auffälligen Zeichen markiert und in die Laufkarte eingetragen worden. Die Karte hilft, die Posten zu finden.

Der Erfolg beim Orientierungslauf ist von den beiden Fähigkeiten ausdauerndes Laufen und Orientieren mit Hilfe der Karte abhängig. Im Zusammenhang mit der Zielsetzung des Buches ist der Orientierungslauf in erster Linie eine attraktive Gelegenheit für ausdauerndes Laufen. Die Orientierungsaufgaben liefern die „Spielidee“. Das Orientieren soll deshalb als Thema nicht verselbstständigt, sondern durch eine geeignete Zusammenstellung der Laufmodelle „laufend“ mitentwickelt werden.

Bei großen Orientierungsläufen orientiert man sich in der Regel mit topografischen Karten. Ihre Verwendung ist jedoch altersabhängig. Wer schon mit Grundschulkindern Orientierungsläufe durchführen will, braucht andere Karten, die das Schulgelände anschaulich darstellen. Gebäude, Bäume, Wege, Laternen und Zäune müssen gegenständlich gezeichnet werden, damit sie das Gelände so wiedergeben, wie die Kinder es aus der Wirklichkeit kennen und wie sie es auf der Karte dann wiedererkennen. Nur so ist den Kleinen eine Orientierung im Gelände möglich.

Solche Karten werden von der Lehrkraft erstellt, oder es werden einige von denen ausgewählt, die die Kinder im Kunst- oder Werkunterricht selbst hergestellt haben. Eine einmal erstellte Karte wird als Grundkarte fest hinterlegt, so dass jeder auf sie zugreifen kann. Aus der Grundkarte werden alle anderen Karten (die Laufkarten) angefertigt.

Mit Hilfe der Karte werden die OL-Posten angelaufen. Hier finden sie das, was die Lehrkraft versteckt hat. Und auch bei der Gestaltung der Posten wird man bei den Kleinen anders verfahren als beim großen Orientierungslauf. Sie sind ein wesentlicher Reiz des Orientierungslaufes. Bei ihrer Gestaltung sind der Kreativität keine Grenzen gesetzt. Wer den richtigen Ort gefunden hat, findet Lösungen von Aufgaben und auch mal richtige „Schätze“, die mit „nach Hause“ gebracht werden müssen.

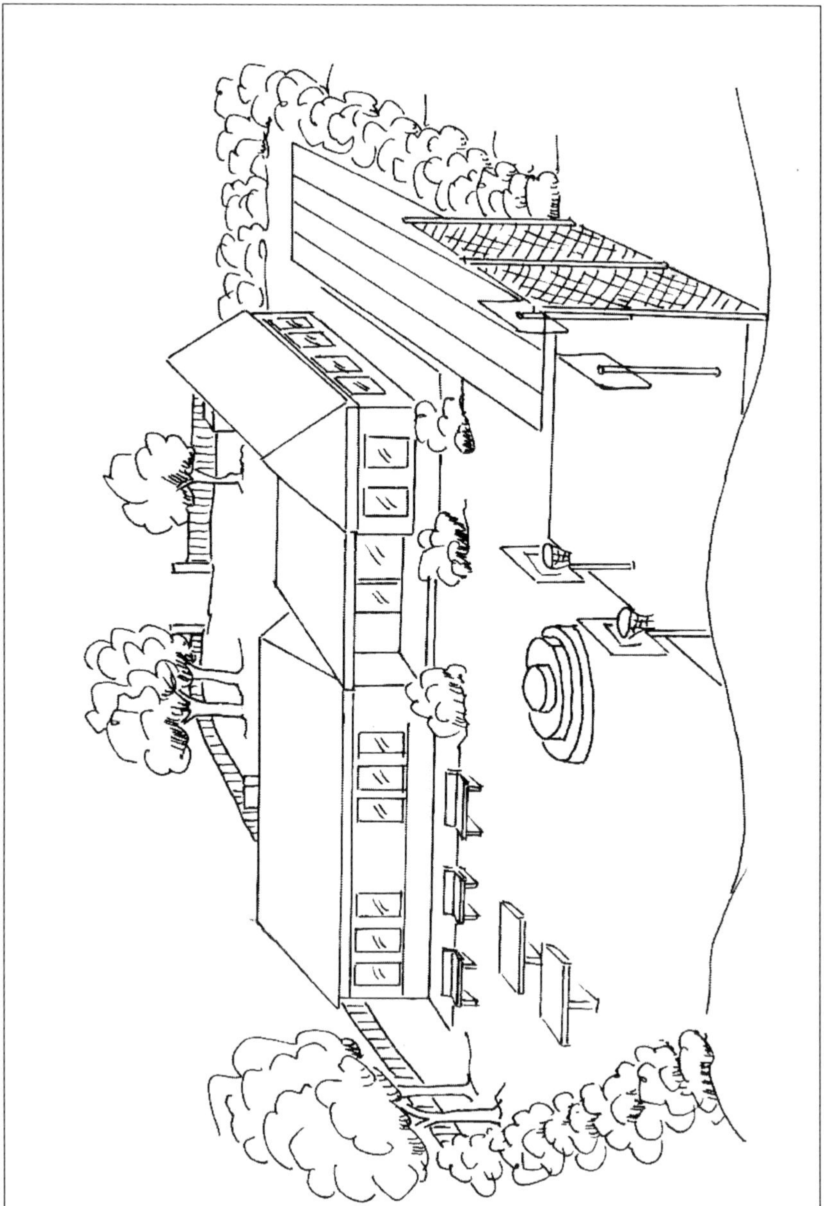

Grundkarte: Orientierungslauf in der Grundschule

Schon mit den Kleinen lässt sich eine Reihe von Orientierungslaufmodellen durchführen, die wir später bei den Großen unter anderem Vorzeichen wiederfinden.

Wo-sind-wir-Orientierungslauf

Beim Wo-sind-wir-Orientierungslauf machen die Kinder erste Schritte, sich mit Hilfe der Karte zurechtzufinden. Die Klasse wird in mehrere Laufgruppen eingeteilt. Jede Gruppe bekommt eine eigene Karte. Zu Beginn des Laufes wird der Standort auf der Karte bestimmt. Dann laufen alle Gruppen zusammen mit dem Lehrer, der den Weg und das Lauftempo bestimmt, durch das Schulgelände. Irgendwo bleibt der Lehrer stehen, hebt den Arm und fragt: „Wo sind wir?" Jede Gruppe versucht, den Standort auf der Karte zu finden, und markiert diesen mit einem Kreuz. Dann geht es weiter zum nächsten Haltepunkt.

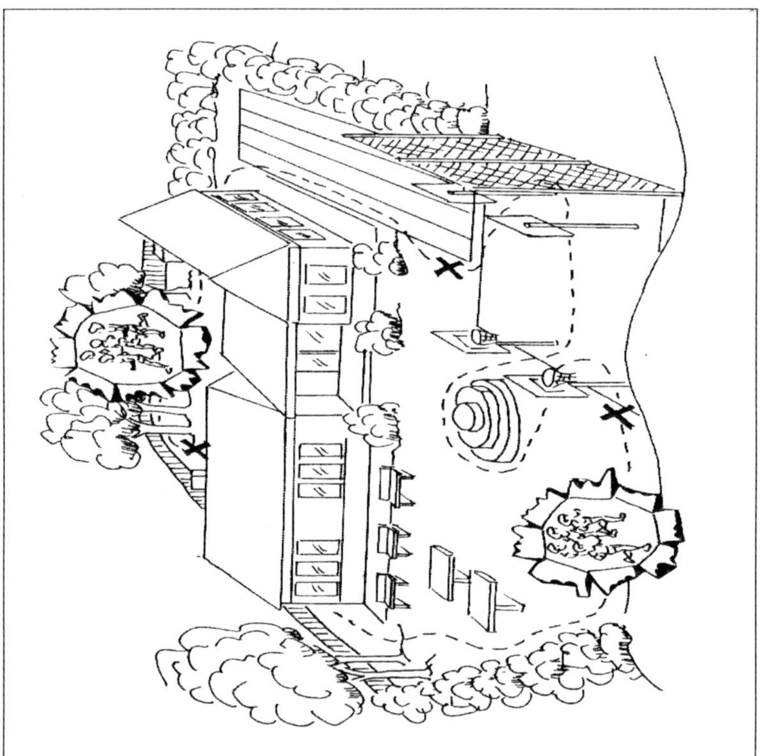

Wo sind wir?

Stern-Orientierungslauf

Beim Stern-Orientierungslauf wird die Klasse wieder in mehrere Gruppen eingeteilt. Die OL-Posten liegen sternförmig an der Peripherie des Schulgeländes. Für jeden einzelnen OL-Posten wird für jede Laufgruppe eine Laufkarte erstellt. Die Gruppen starten alle gleichzeitig, aber zu verschiedenen OL-Posten, erfüllen dort ihre Aufgabe und kehren zum Empfang der nächsten Laufkarte, auf der ein neuer OL-Posten verzeichnet ist, zum Ausgangspunkt zurück. Gewinner ist, wer zuerst alle OL-Posten angelaufen hat und alle Aufgaben erfüllt hat. Für das Nichterfüllen einer Aufgabe gibt es eine angemessene Strafzeit.

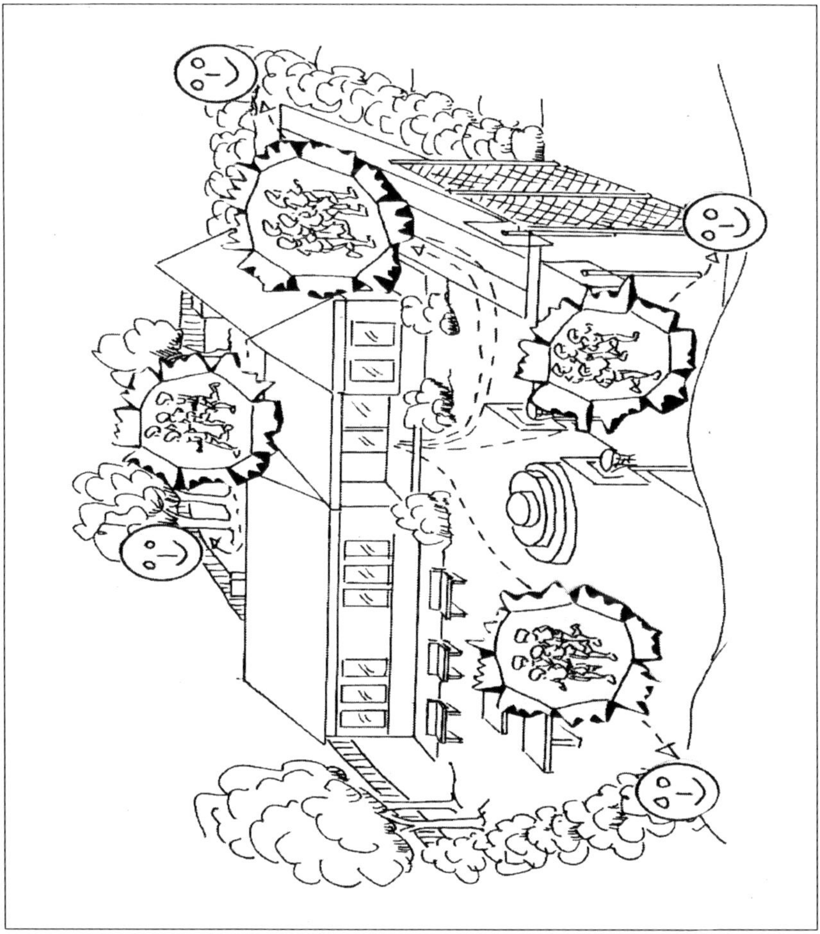

Stern-Orientierungslauf

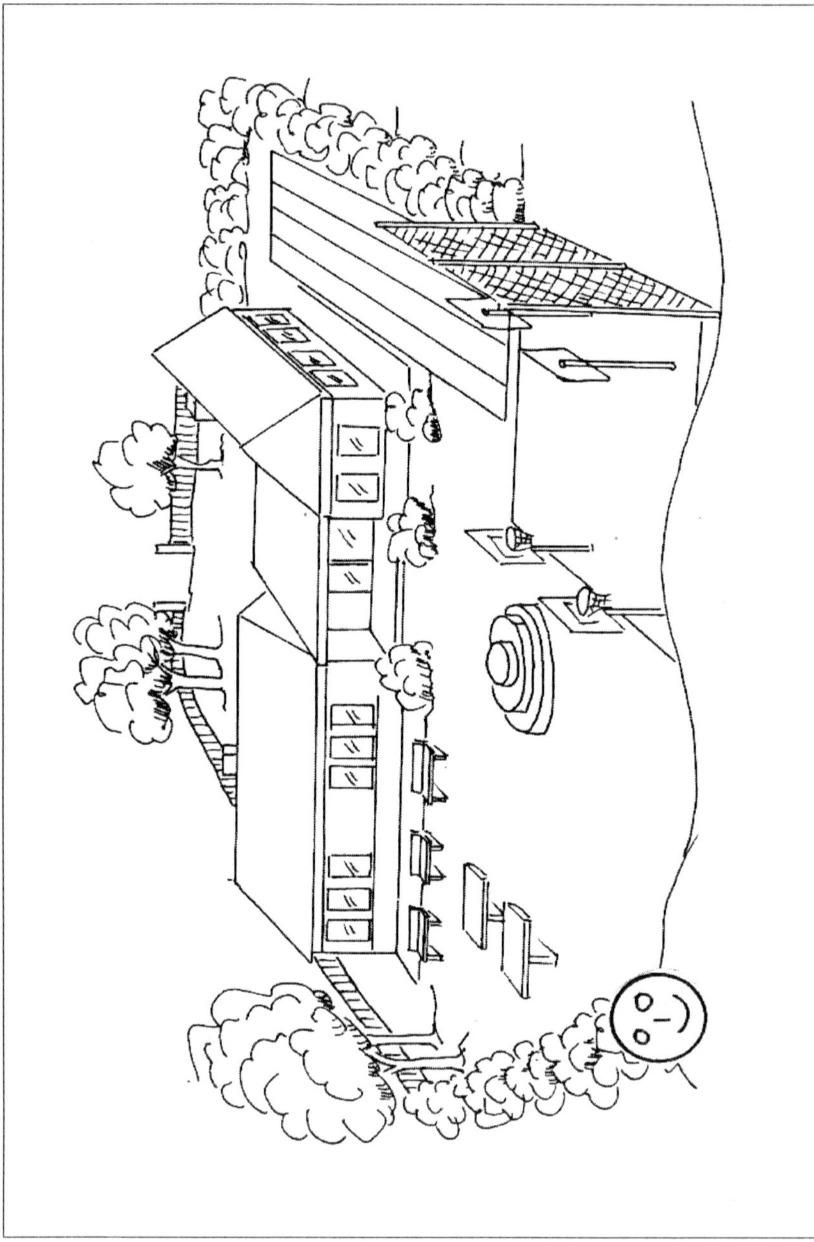

Laufkarte Stern-Orientierungslauf

Orientierungslauf als Rundkurs

Auf der Laufkarte sind alle anzulaufenden OL-Posten durchnummeriert eingezeichnet. Da alle Gruppen den gleichen Rundkurs bewältigen müssen, werden sie in angemessenem zeitlichem Abstand nacheinander gestartet. Eine andere Möglichkeit besteht darin, je zwei Gruppen gleichzeitig, aber in umgekehrter Reihenfolge laufen zu lassen. Wer die Aufgaben in kürzester Zeit bewältigt, gewinnt den Lauf.

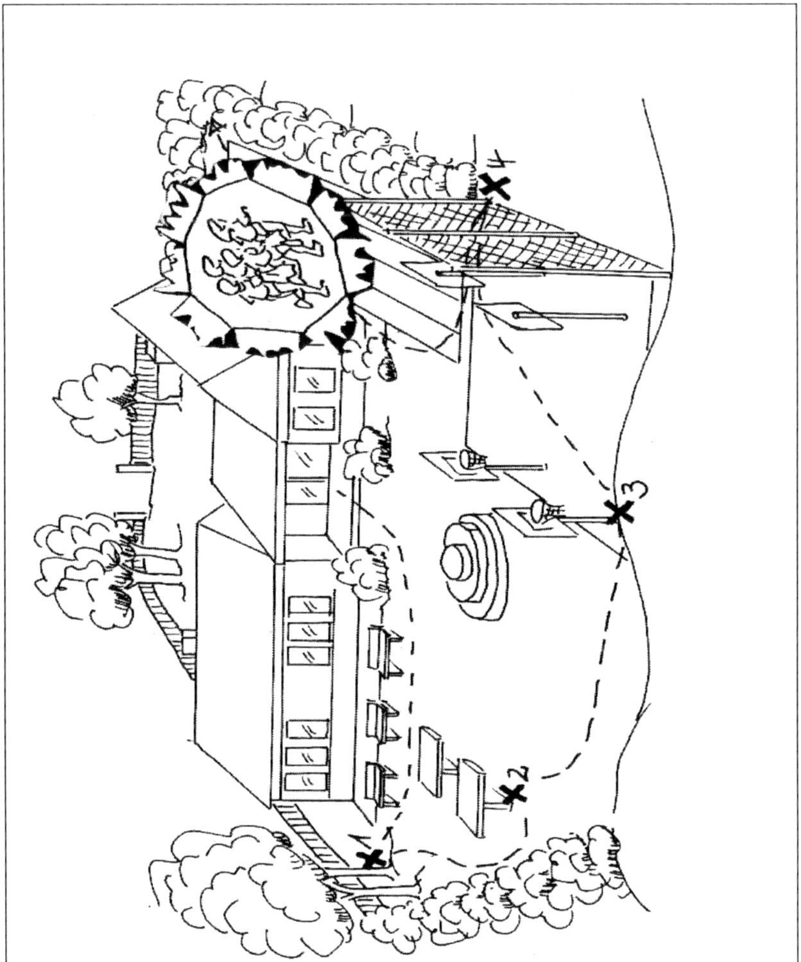

Laufkarte Orientierungslauf

Für die älteren Schülerinnen und Schüler etwa ab der 5.Klasse ist die Laufkarte eine topografische Karte. Die OL-Posten tragen jetzt lediglich Kontrollmarkierungen (z.B. Buchstaben oder Zahlen), die der Läufer als Beweis dafür, dass er den Posten gefunden und angelaufen hat, auf einem Kontrollzettel einträgt und zum Schluss abliefern muss.

Die Laufkarte enthält alle diejenigen Informationen, die zur Orientierung im Gelände notwendig sind (Wege, Straßen, Bewuchs, Gebäude, Zäune, Flüsse usw.). Sie ermöglicht ein gezieltes Anlaufen der Posten, die ihrerseits so auffällig angebracht sein sollten, dass das Finden bei richtiger Orientierung garantiert ist.

Der mit dem Orientierungslauf verbundene Spaß ist in besonderem Maße geeignet, die Aufmerksamkeit von der Beschwernis und Anstrengung des Laufens wegzulenken. Es sollte deshalb erwogen werden, die verschiedenen OL-Aufgaben nicht direkt nacheinander, sondern im Wechsel mit anderen Laufformen anzubieten, bei denen es nicht so gut gelingt, die körperliche Anstrengung vergessen zu lassen. Möglicherweise liegt gerade in diesem Wechsel die Chance zu einer positiven Einstellung gegenüber dem Ausdauerlaufen überhaupt.

Die Beschränkung auf den Orientierungslauf im Schulgelände ist eine Beschränkung auf das im Sportunterricht der Schule organisatorisch Machbare. Rahmenbedingungen sind die 45-Minuten-Stunde und der zum Schulkomplex gehörende Geländebereich mit Gebäuden, Schulhof, Sportplatz und Anlagen. Das Schulgelände ist aus verschiedenen Gründen für eine Einführung des Orientierungslaufs besonders gut geeignet:

Die Voraussetzungen für eine Vermittlung der Grundbegriffe des Orientierens mit Hilfe einer topografischen Karte sind im Schulgelände besonders günstig. Das Gelände ist den Schülern bekannt und vertraut, so dass eine Zuordnung vom Bild auf der Karte zum Gegenstand im Gelände unmittelbar anschaulich vollzogen werden kann. Orientierungsschwierigkeiten und Fehler beim Orientieren können direkt korrigiert werden.

1. Das Gelände ist begrenzt und überschaubar. Erfolgserlebnisse (das Auffinden der Posten) sind selbst bei Schwierigkeiten beim Orientieren für jede Schülergruppe garantiert.

2. Sicherheitsprobleme sind ausgeschlossen. Informationen bei Störungen, Verletzungen und Unfällen können auf schnellstem Wege an den Lehrer weitergeleitet werden. Jeder Lauf kann durch einfache Signale sofort gestoppt werden. Die Gefahr des Verlaufens besteht nicht.

Wenn eine Reihe von Vorarbeiten geleistet worden ist, können Orientierungsläufe im Schulgelände relativ spontan organisiert werden. Die Vorbereitungen betreffen das Anfertigen des Kartenmaterials und das Verlegen des Postennetzes.

Anfertigen des Kartenmaterials

Voraussetzung für die Durchführung von Orientierungsläufen im Schulgelände ist eine Karte, die den Schulkomplex detailliert wiedergibt. Stadtpläne und Messtischblätter, wie sie für den großen Orientierungslauf Verwendung finden, sind dafür ungeeignet. Detaillierteres Kartenmaterial erhält man beim örtlichen Bauamt. Die große, unhandliche, mehrfach gefaltete Karte (Maßstab 1 : 1000) muss zunächst auf ein handliches Format verkleinert werden. Dann wird sie, da sie oft lediglich die Gebäude, große Wegeführungen und Plätze sowie die Grundstücksgrenzen enthält, auf den neuesten Stand gebracht. Nachträgliche Bauänderungen, kleinere Wege, später erstellte Schulhof- und Gartenanlagen, Mauern, Fahrradständer und besonders auffällige Gegenstände (z.B. größere Bäume, Bänke, Laternen) werden mit festen Symbolen eingezeichnet. Schließlich können die Unterschiede in Bewuchs und Bodenbeschaffenheit noch durch unterschiedliche Grautönung herausgearbeitet werden (vgl. MÜLLER 1980, 25). Die so erstellte Karte wird mit einer Zeichenerklärung versehen. Sie ist die erste von drei für den Orientierungslauf im Schulgelände notwendigen Grundkarten, die, einmal erstellt, jederzeit wieder verfügbar ist. Das betrifft auch die anderen beiden Grundkarten, die nach einer Verlegung des Postennetzes angefertigt werden.

Verlegen des Postennetzes

Nach Fertigstellung der ersten Grundkarte wird ein festes Postennetz im Schulgelände verlegt. Hierfür werden eine Vielzahl von Posten an markanten Punkten, Gebäude- und Mauerecken etwa gleichmäßig über das Schulgelände verteilt. Am günstigsten ist es, die Posten mit wetterfester Ölfarbe ein für allemal fest aufzutragen (z.B. mit ein- oder mehrfarbigen 7 bis 10 cm großen Dreiecken). Die Postenstandorte werden in die erste Grundkarte eingetragen (z.B. mit Kreisen). Die so erstellte Karte ist die zweite Grundkarte. Schließlich werden die Posten mit festen Nummern versehen. Wir erhalten die dritte Grundkarte. Beide sollten, genau wie die erste Grundkarte, jederzeit verfügbar sein.

Wir fassen zusammen:

Grundkarte 1: Detaillierte Karte vom Schulgelände ohne OL-Posten (für Laufmodelle ohne OL-Posten und als Basiskarte für etwaige bauliche Veränderungen im Schulgelände)

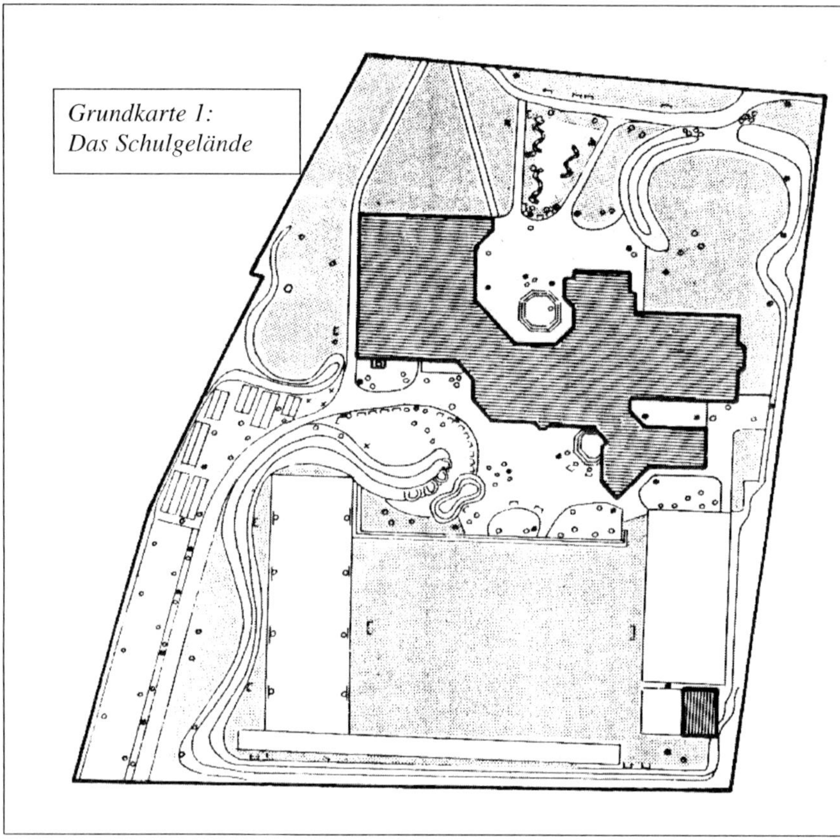

Grundkarte 1

Dazu wird eine Legende erstellt, die bei einer Veränderung der Karte eventuell ebenfalls verändert werden muss.

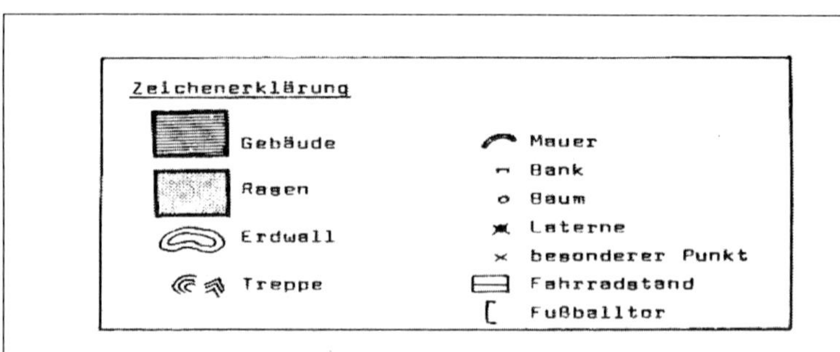

Grundkarte 2: Grundkarte 1 mit Postennetz
(Basiskarte zur Erstellung der Laufkarten)

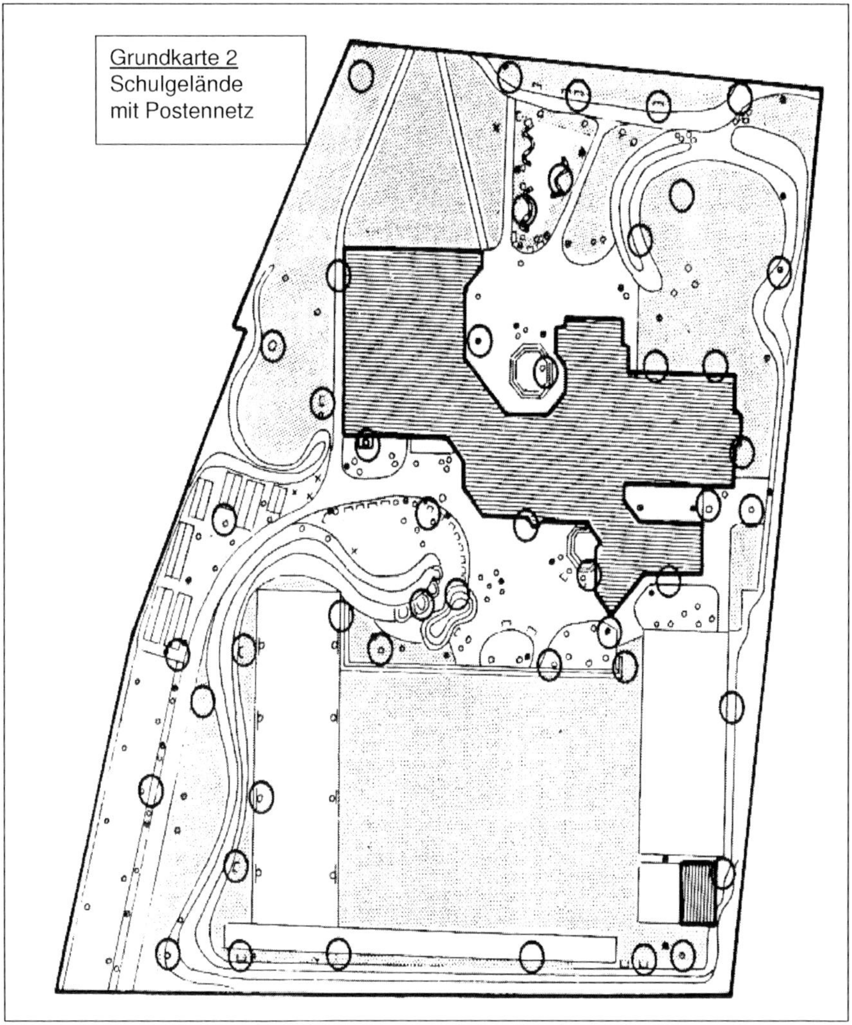

Grundkarte 2

Grundkarte 3: Grundkarte 2 mit nummeriertem Postennetz (Planungsgrundkarte)

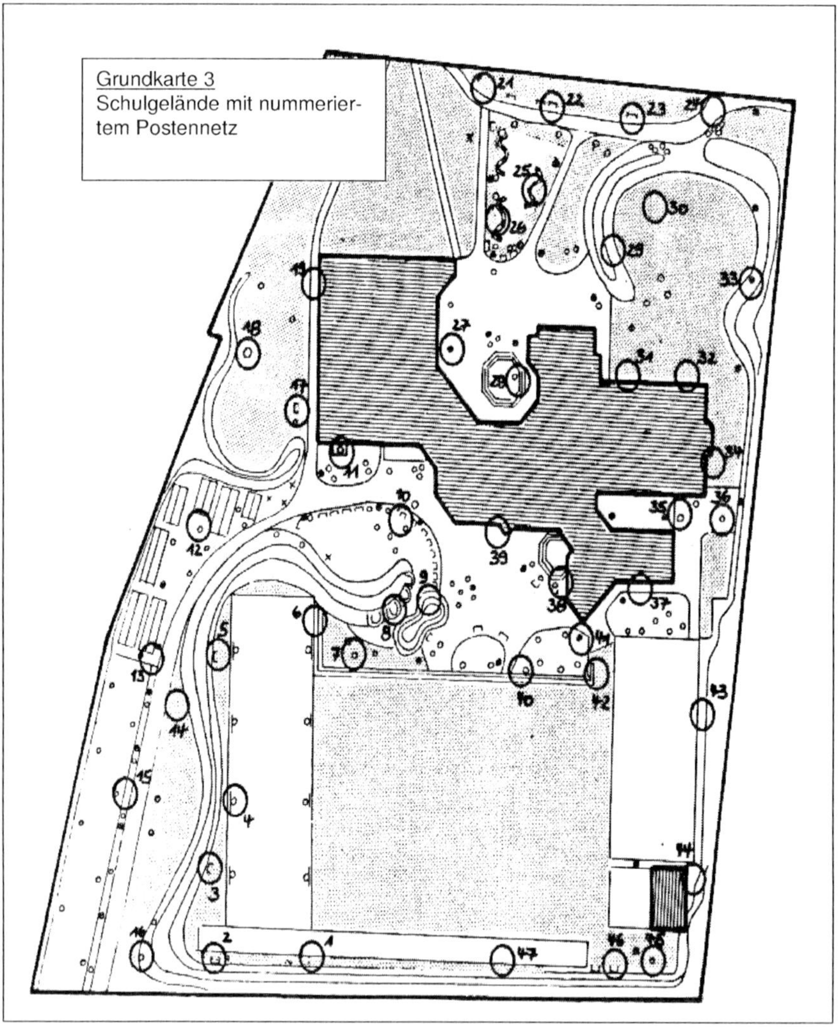

Grundkarte 3

Organisation und Durchführung

Grundkarten und Postennetz sind der organisatorische Rahmen für die verschiedenen OL-Modelle. Für jeden Lauf sind dann noch folgende direkte Vorbereitungen zu treffen:

1. Erstellen der Laufkarte. Diese wird mit Hilfe der Grundkarten angefertigt. Hervorgehoben werden genau die OL-Posten, die angelaufen werden sollen. Je nach Modell und Absicht wird Grundkarte 1, 2 oder 3 als Basiskarte gewählt. Die Laufkarte wird in der benötigten Anzahl vervielfältigt.

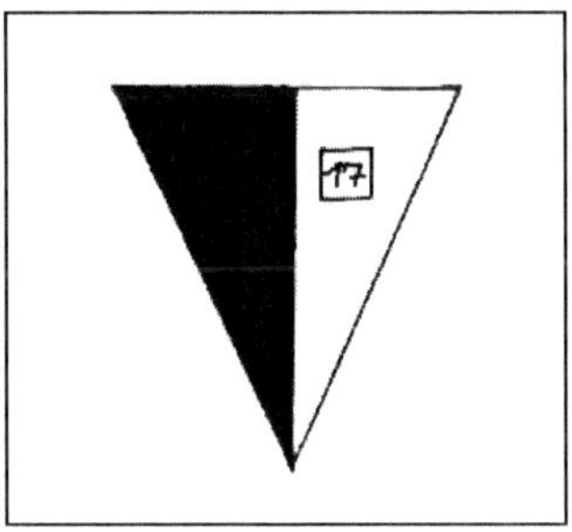

OL-Posten mit Kontrollnummer

2. Markieren der OL-Posten. Die für den Lauf ausgewählten Posten werden im Schulgelände aufgesucht und mit einer Kontrollmarkierung versehen. Hierfür eignen sich besonders die im Handel erhältlichen Klebezahlen oder -buchstaben für Etiketten.

3. Anfertigen von Kontrollzetteln. Für jede Laufgruppe wird ein Kontrollzettel angefertigt, auf dem die Postenmarkierungen als Beweis dafür, dass die Posten angelaufen wurden, eingetragen werden sollen. Außerdem werden die Gruppennummer sowie die Start- und Ankunftszeit vermerkt.

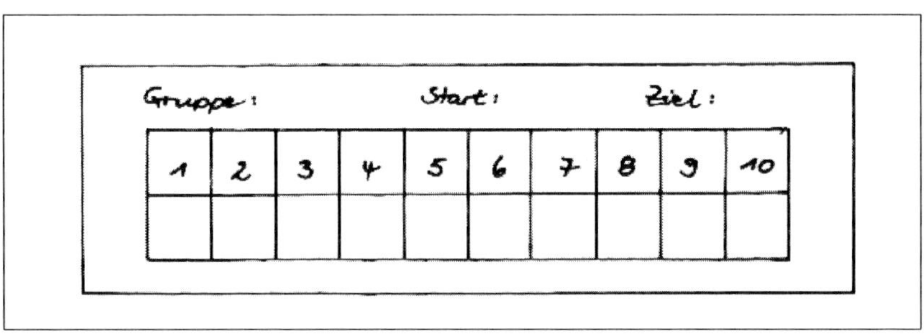

Kontrollzettel

Laufkarte und Kontrollzettel werden direkt vor dem Start ausgegeben. Die Gruppen werden nur dann gleichzeitig gestartet, wenn vom Start an verschiedene Laufwege zu absolvieren sind. Sonst werden sie in so großen Abständen nacheinander gestartet, dass sie sich unabhängig voneinander selbstständig orientieren müssen. Die später startenden Gruppen bekommen die Laufkarte auch jeweils erst direkt vor Beginn ihres Laufes ausgehändigt.

Laufmodelle für den OL im Schulgelände

Mit den nachfolgend beschriebenen Laufmodellen wird eine methodische Einführung in den Orientierungslauf dargestellt, in deren Mittelpunkt die Absicht steht, das Orientieren „laufend" zu erlernen. Da die Schüler erfahrungsgemäß Schwierigkeiten im Umgang mit der topografischen Karte haben, werden zu Beginn lediglich „Groborientierungen" verlangt. Über diese gelingt eine erste Zuordnung von Gelände und Karte. Durch allmählich verfeinerte Orientierungsaufgaben werden dann die unterschiedlichen OL-Modelle erschlossen.

Orientieren nach Planquadraten

Der Lauf nach Planquadraten erlaubt eine erste grobe Orientierung im Schulgelände.

Orientieren nach großen Planquadraten

Um die Orientierung zu erleichtern beginnen wir mit großen Planquadraten.

Laufkarte: Für jede Gruppe werden ein Kontrollzettel und eine Laufkarte angefertigt. Basiskarte ist die Grundkarte 1 ohne Postennetz. Bevor mit dem Lauf begonnen wird, erfolgt eine Einweisung in die Karte. Wo ist das Schulgebäude, wo der Schulhof? Wie herum muss die Karte gehalten werden? Was bedeuten die Zeichen? Wo ist unser Standort? Alles das sind Fragen, die vorab geklärt werden müssen. Bei der Bestimmung des Standortes wird der Aufbau der Karte nach Planquadraten besprochen.

1	2	3	4	5	6	7	8

Kontrollzettel

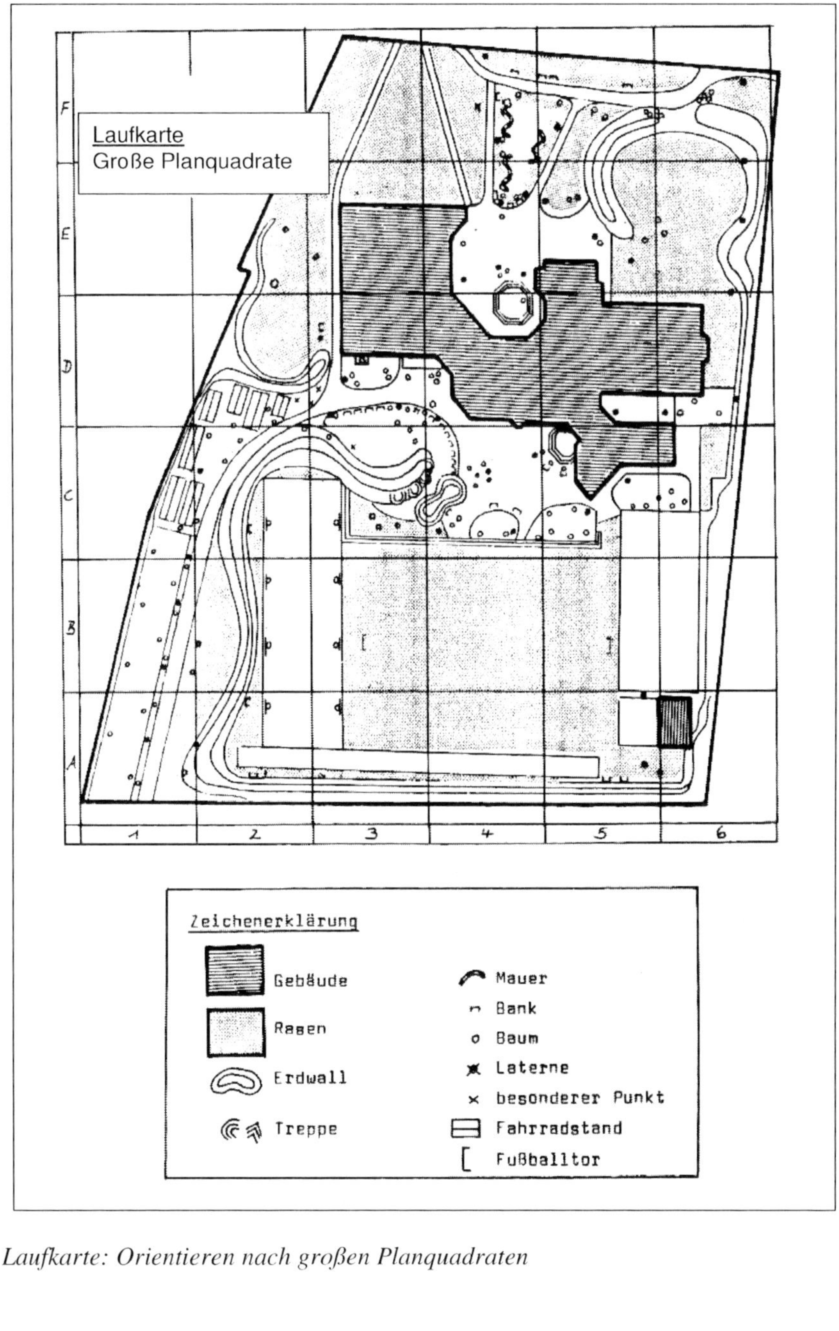

Laufkarte: Orientieren nach großen Planquadraten

Für den Orientierungslauf wird die Klasse in mehrere Gruppen eingeteilt. Jede Gruppe erhält eine Karte und einen Kontrollzettel. Die Aufgabe wird erklärt. Dann läuft der Lehrer mit allen Gruppen gleichzeitig durch das Schulgelände und bleibt nach einer gewissen Zeit irgendwo stehen. Die Gruppen sollen je für sich den Haltepunkt des Lehrers auf der Karte identifizieren und das entsprechende Planquadrat auf dem Kontrollzettel vermerken. Dann wird der Lauf fortgesetzt bis zum nächsten Haltepunkt usw. Da der Lehrer das Tempo und die Länge der Trabphasen bestimmt, macht es keine Schwierigkeiten, den Lauf nach den Prinzipien des Intervalltrabens durchzuführen.

Variation: Jede Gruppe erhält einen Schüler als Vorläufer. Dieser bekommt eine Laufkarte und einen Laufzettel (ausgefüllter Kontrollzettel), auf dem die Reihenfolge der anzulaufenden Planquadrate angegeben ist. Auf diese Weise sind sowohl die Gruppen als auch die Vorläufer vor Orientierungsaufgaben gestellt. Am Schluss des Laufes werden Kontrollzettel der Laufgruppen und Laufzettel des Vorläufers miteinander verglichen.

Orientieren nach kleinen Planquadraten

Jetzt verfeinern wir das Netz der Planquadrate. Eine exakte Standortbestimmung ist nur noch bei genauem Kartenlesen möglich; denn jetzt sind auch die Details wichtig. Dabei helfen die vielen Zeichen auf der Karte, die mit den Gegenständen im Schulgelände identifiziert werden müssen.

Laufkarte: Grundkarte 1 mit kleinen Planquadraten

Organisation: Für jede Gruppe werden eine Laufkarte und ein Kontrollzettel angefertigt. Wie beim ersten Lauf ist zunächst die Lehrkraft Vorläufer. Lauftempo, Art der Laufführung (interessante, verschlungene Wege), Länge der Trabzeit und Aufforderung zur Standortbestimmung werden erlebt und setzen die Schüler in die Lage, diese Aufgabe dann wieder selbst zu übernehmen.

1	2	3	4	5	6	7	8

1	2	3	4	5	6	7	8
C2	I10	E6	A9	K5	E9	A3	E6

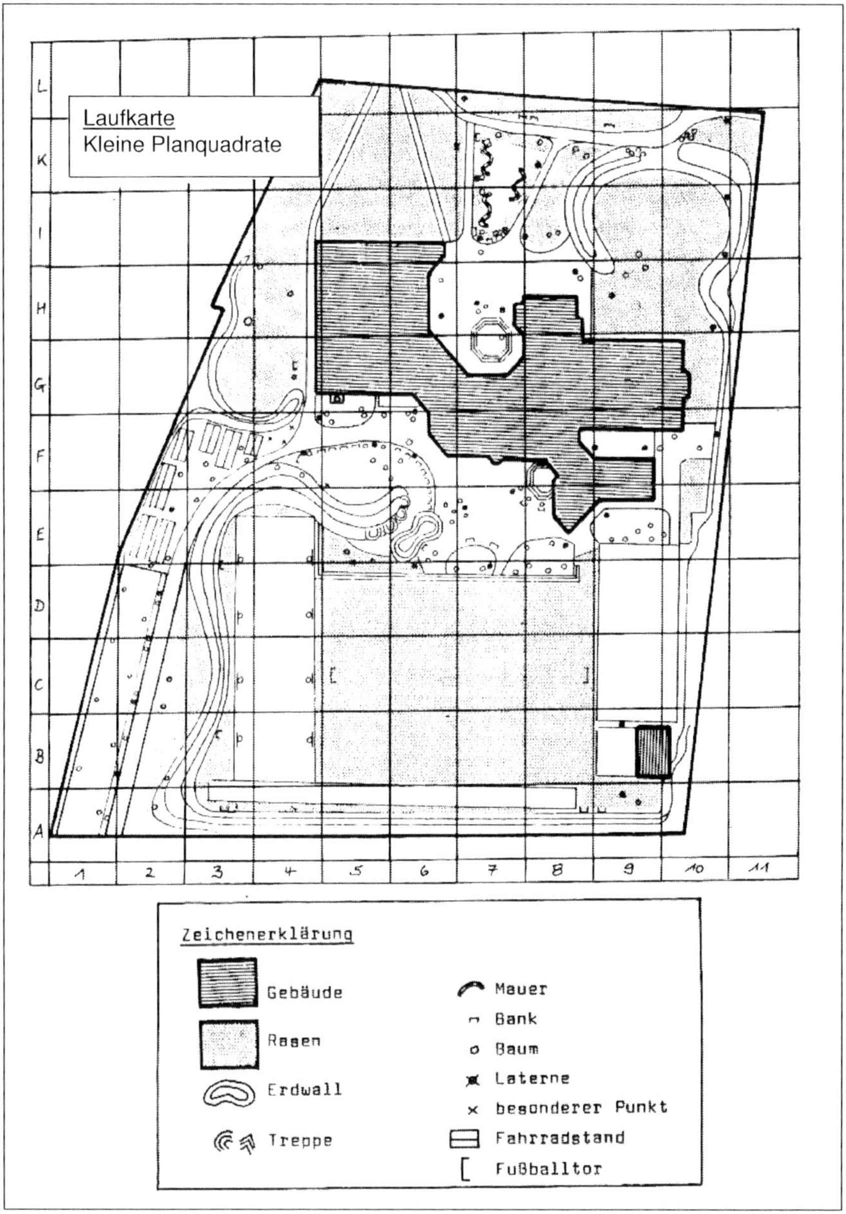

Laufkarte: Orientieren nach kleinen Planquadraten

Der ausgefüllte Kontrollzettel wird nach dem Lauf mit dem des Vorläufers verglichen. Bei Differenzen (Fehler können der Vorläufer oder die Laufgruppe gemacht haben) besteht in einem begrenzten Schulgelände abschließend immer die Möglichkeit, diese „laufend" abzuklären.

Schattenlauf nach Planquadraten

Beim Schattenlauf werden Paar-Gruppen oder auch nur Paare gebildet, die eine gemeinsame Aufgabe bekommen. Die Funktion des Vorläufers wechselt zwischen ihnen hin und her. Zunächst führt die erste Gruppe zu einem auf dem Kontrollzettel bestimmten Planquadrat, dann die andere usw.

Laufkarte: Grundkarte 1 mit großen oder kleinen Planquadraten

Organisation: Für jede Gruppe werden eine Laufkarte und ein Kontrollzettel angefertigt. Der Kontrollzettel enthält die Laufziele für die jeweilige Vorläufergruppe (Planquadrate) und für die jeweilige „Schattengruppe" ein freies Feld zum Eintragen der Lösung.

1	2	3	4	5	6
C2		E6		K5	

Kontrollzettel Gruppe 1

1	2	3	4	5	6
	I10		A9		E9

Kontrollzettel Gruppe 2

Der Laufweg geht damit durch die Planquadrate in der Reihenfolge C 2, I 10, E 6, A 9, K 5, E 9. Am Schluss des Laufes können die Gruppen durch Vergleich ihrer Laufzettel die Richtigkeit der Lösungen überprüfen.

Strahlen-OL

Unter „Strahlen-OL" verstehen wir das Anlaufen einzelner OL-Posten mit jeweils anschließender Rückkehr zum Startplatz. Die begrenzte Aufgabe erlaubt Rückfragen bei Unklarheiten sowie die Kontrolle des Orientierungsverhaltens durch den Lehrer. Aus diesem Grunde ist der Strahlen-OL für eine erste Konfrontation mit dem Orientierungslauf und den dafür typischen OL-Posten besonders gut geeignet.

Die Zeit spielt beim Strahlen-OL keine Rolle. Entscheidend ist das erfolgreiche Aufsuchen der einzelnen OL-Posten. Der Schwerpunkt liegt auf der Besprechung des Orientierungsverhaltens nach jeder Einzelaufgabe.

Laufkarte: Grundkarte 2. Für jeden Strahl (anzulaufender Posten) wird eine Karte erstellt. Die Posten werden in der Reihenfolge, in der sie angelaufen werden sollen, nummeriert. Für jede Gruppe gilt eine andere Reihenfolge.

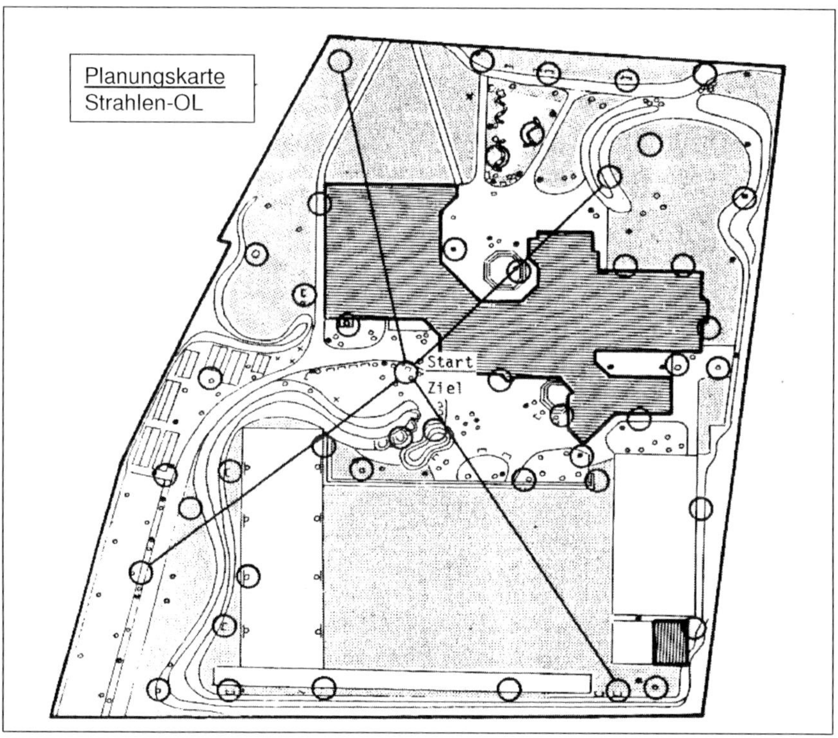

Planungskarte: Strahlen-OL

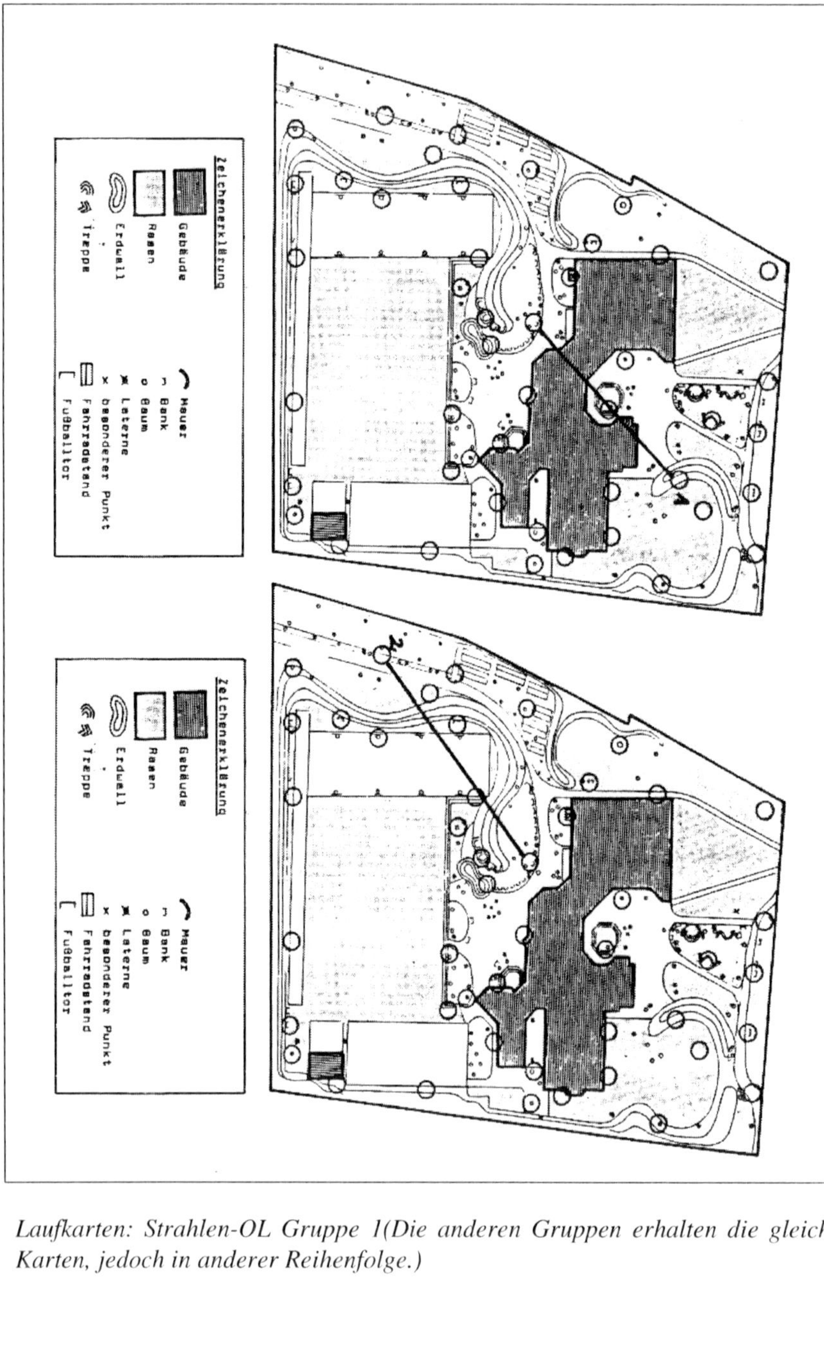

Laufkarten: Strahlen-OL Gruppe 1(Die anderen Gruppen erhalten die gleichen Karten, jedoch in anderer Reihenfolge.)

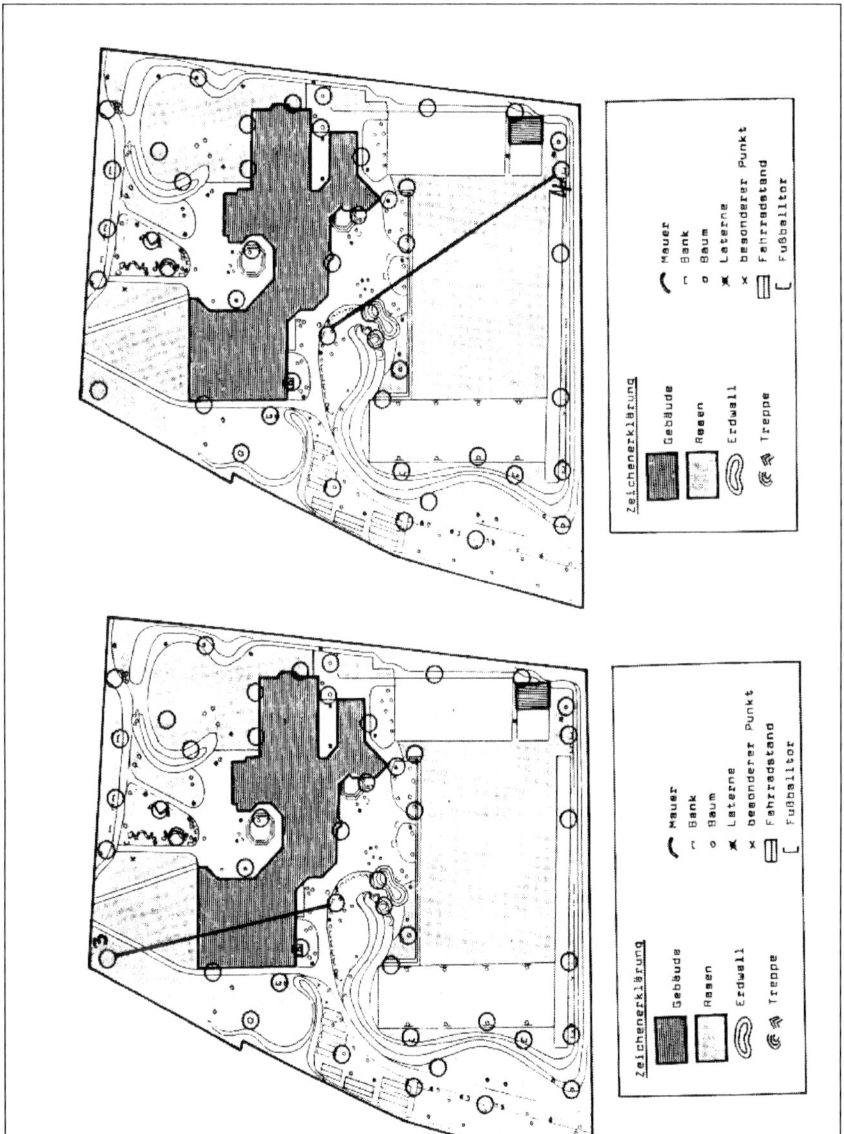

Laufkarten: Strahlen-OL

Organisation: Die für den Lauf ausgewählten Posten werden mit Kontrollmarkierungen versehen. Für jede Gruppe wird ein Kontrollzettel erstellt.

Vor dem Lauf werden die Schüler in die neue Aufgabe eingewiesen. Die OL-Posten (farbige Dreiecke) und die Kontrollmarkierungen werden anhand eines Beispiels verdeutlicht.

Die Schüler werden in Gruppen eingeteilt. Um ein selbstständiges, unabhängiges Orientieren zu gewährleisten, laufen die Gruppen zu Beginn in verschiedene Richtungen, d.h. es werden so viele Gruppen gebildet, wie Posten angelaufen werden sollen. Es werden zwar von allen Gruppen die gleichen Posten angelaufen, aber das geschieht in unterschiedlicher Reihenfolge. Da dieses Vorgehen eine unterschiedliche Nummerierung der OL-Posten zur Folge hat, muss für jede Gruppe ein eigenes Kartenmaterial erstellt werden (siehe Beispiel). Zunächst wird mit Hilfe der ersten Karte (Posten-Nummerierung 1) der erste Posten aufgesucht. Die Kontrollmarkierung wird auf dem Kontrollzettel vermerkt.

1	2	3	4	5	6

Kontrollzettel Strahlen-OL

Nach Rückkehr zum Startplatz bekommen die Gruppen dann ihre zweite Karte (Posten-Nummerierung 2) usw. Die Aufgabe ist dann gelöst, wenn alle Posten gefunden wurden und die Kontrollmarkierungen auf den Kontrollzetteln richtig eingetragen sind.

Schatten-OL

Mit dem Schatten-OL wird die Orientierungsfähigkeit weiter verbessert. Ähnlich wie beim Schattenlauf nach Planquadraten unterscheiden wir einen Vorläufer, der die auf seinem Laufzettel eingetragenen Ziel-Posten anläuft, und eine ihn verfolgende Gruppe (Schatten), die die angelaufenen Posten auf der Karte identifizieren und eintragen muss. An die Orientierungsfähigkeit der Schüler werden gesteigerte Anforderungen gestellt, wenn nicht nur die Ziel-Posten, sondern auch die zurückgelegten Laufwege in die Karte eingetragen werden müssen, weil dann ein Kartenlesen auch während des Laufens erforderlich wird.

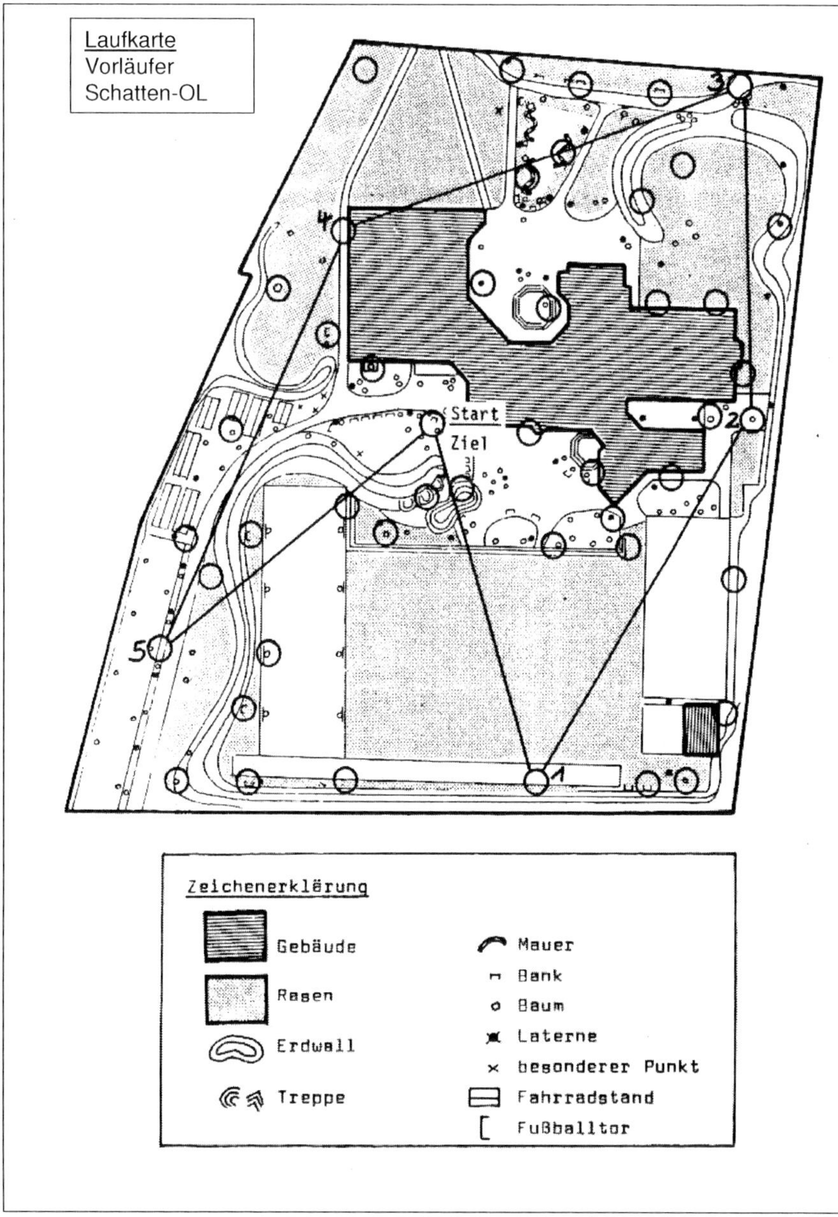

Laufkarte: Vorläufer Schatten-OL

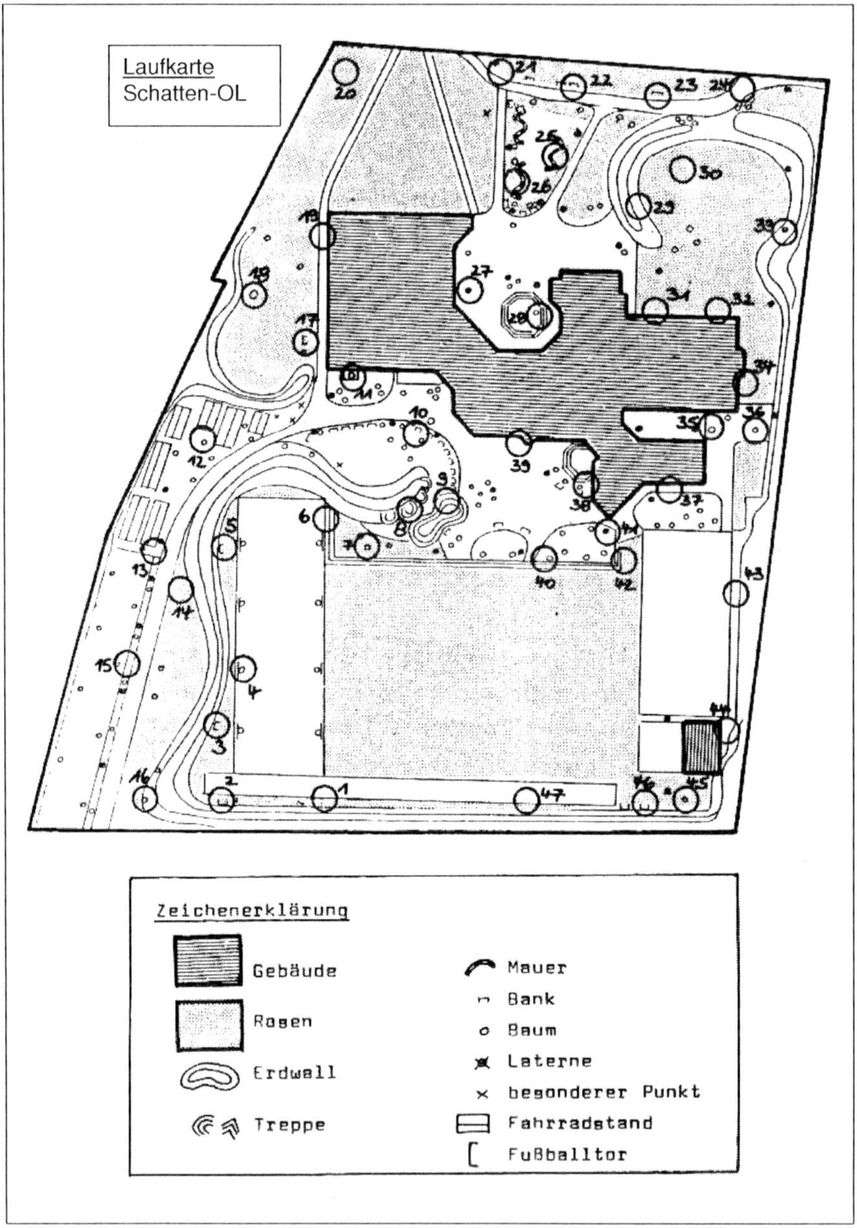

Laufkarte: Schatten-OL

Laufkarte: Für den Vorläufer die Grundkarte 2, für die Schatten-Gruppe die Grundkarte 3 mit nummeriertem Postennetz.

Organisation: Für die Vorläufer werden die Laufkarten mit den markierten Zielpunkten und für jede Laufgruppe eine Laufkarte vorbereitet.

Kontrollzettel sind bei diesem Lauf nicht notwendig, weil die Ergebnisse (Ziel-Posten) direkt in die Laufkarte eingetragen werden können.

Beim Schatten-OL sind verschiedene Varianten möglich:

1. Der Lehrer ist Vorläufer. Die Klasse wird in Gruppen eingeteilt. Jede Gruppe erhält eine Laufkarte. Alle Gruppen folgen dem Lauf des Lehrers, nehmen die Bestimmung der Zielpunkte und ggf. des Laufweges jedoch unabhängig voneinander vor. Auf diese Weise werden erste grundlegende Erfahrungen mit der neuen Aufgabenstellung gesammelt. Rückfragen an die Lehrkraft sind jederzeit möglich.

2. Je ein Schüler ist Vorläufer einer Gruppe. Der Vorläufer erhält eine Karte mit eingetragenem Laufweg und OL-Posten als Zielpunkten, die in der Reihenfolge nummeriert sind, in der sie angelaufen werden sollen. Die „Schatten-Gruppe" erhält den Auftrag, die Postennummern der Zielpunkte zu bestimmen und ggf. den Laufweg in die Karte einzutragen. Am Schluss des Laufes werden alle Eintragungen mit denen des Vorläufers verglichen.

Um ein voneinander unabhängiges Orientieren der verschiedenen Gruppen zu garantieren, werden diese in genügendem zeitlichen Abstand nacheinander gestartet, oder es wird die Laufstrecke so angelegt, dass der Lauf gleichzeitig in verschiedene Richtungen begonnen werden kann. Die Laufkarten der Vorläufer tragen dann je nach Reihenfolge des Anlaufens der ausgewählten Posten unterschiedliche Nummerierungen.

3. Direkter Schatten. Wir teilen die Klasse in Paare auf. Je einer der Schüler ist Vorläufer, der andere verfolgender „Schatten". Bei dieser Organisationsform ist das Orientierungsvermögen jedes Einzelnen gefordert. Um einen reibungslosen Ablauf zu garantieren, muss ein Laufweg gewählt werden, bei dem mehrere Paare zu gleicher Zeit in verschiedene Richtungen starten können. Beim zweiten Durchgang (neue Ziel-Posten) werden die Aufgaben getauscht.

4. Schatten-OL in Wechsel. Dieser Lauf kann mit Paar-Gruppen oder mit Paaren durchgeführt werden. Die Führungsaufgabe wechselt jeweils von Posten zu Posten. Gruppe 1/Schüler 1 führt zum ersten Posten. Gruppe 2/Schüler 2 übernimmt dann die Führung zum nächsten Posten usw.

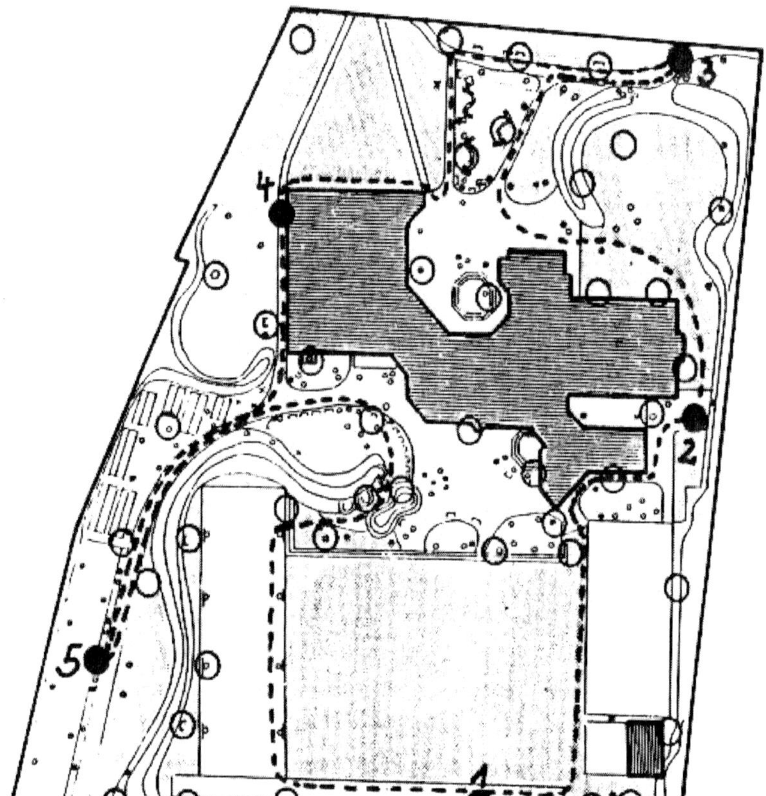

Schatten-OL mit Zielpunkten und eingetragenem Laufweg
Laufkarte des Vorläufers

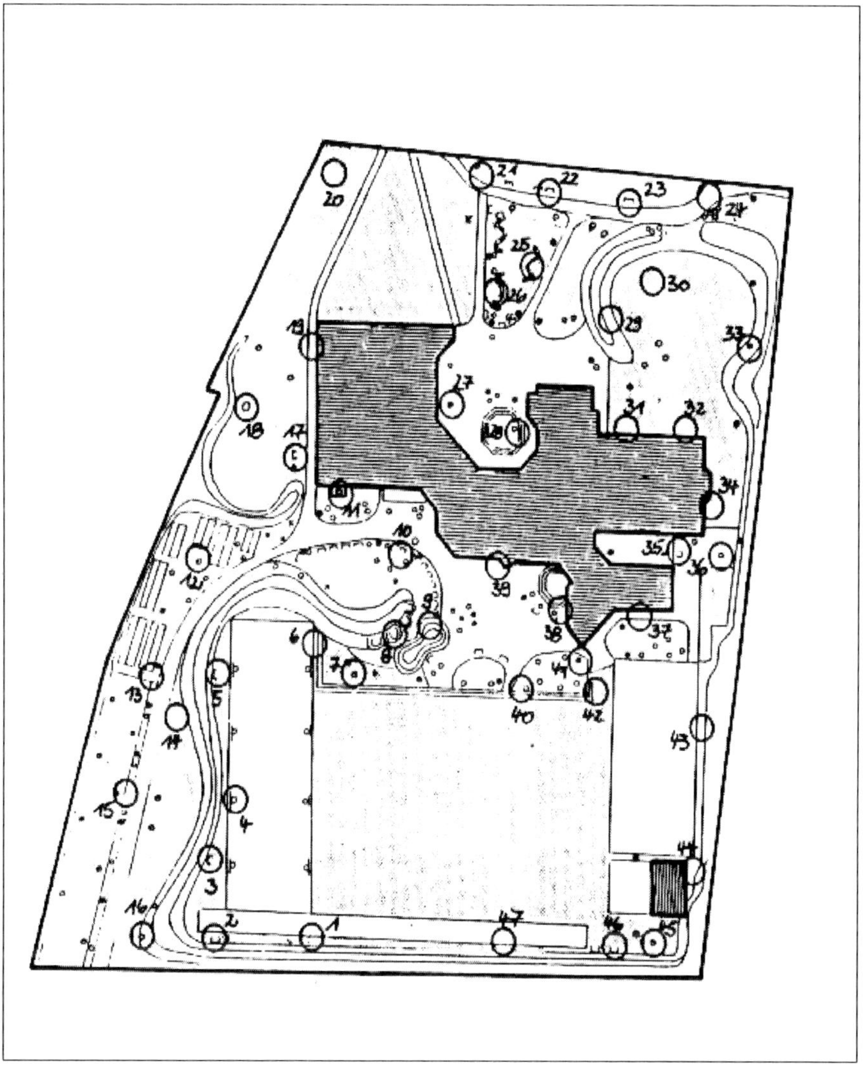

Laufkarte der „Schattengruppe“

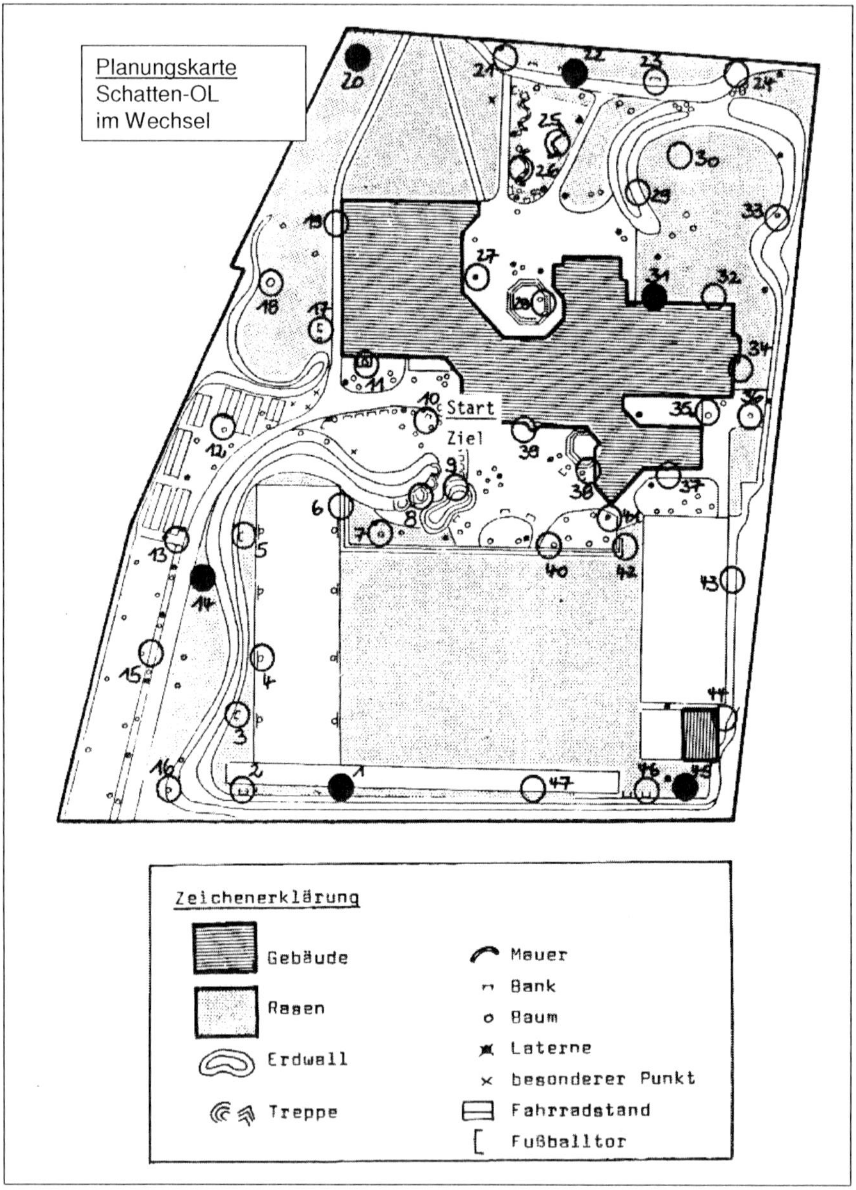

Planungskarte: Schatten-OL im Wechsel

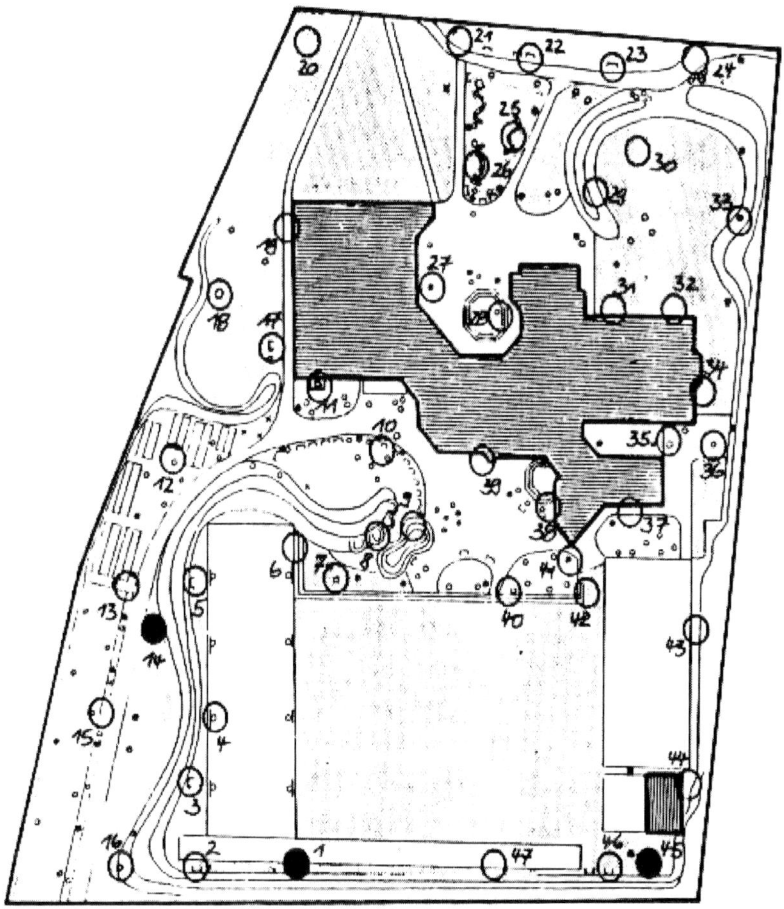

Laufkarte (Gruppe 1):
Schatten-OL im Wechsel

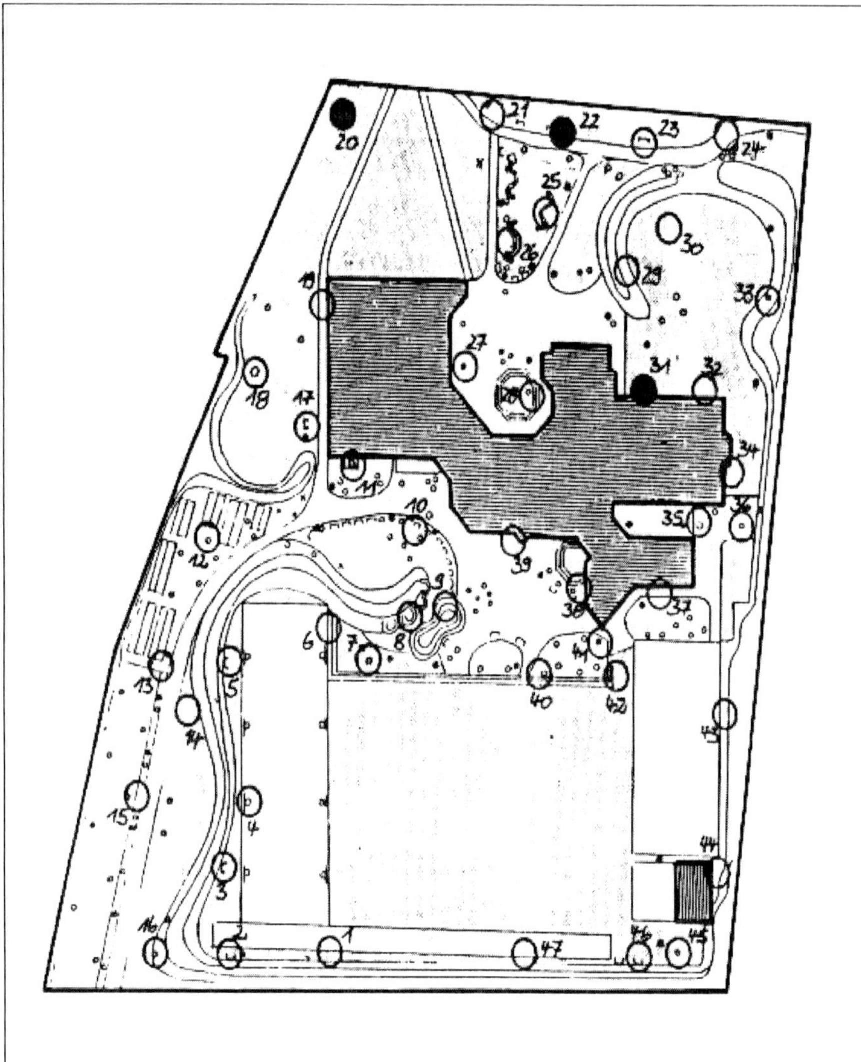

Laufkarte (Gruppe 2):
Schatten-OL im Wechsel

Da die Laufkarten und Kontrollzettel der einen Partei die Lösungen der anderen Partei enthalten, sollten sich die Gruppen weder die Kontrollzettel noch die Laufkarten gegenseitig zeigen.

Laufkarte: Grundkarte 3 (mit nummerierten Posten). Die Ziel-Posten sind deutlich kenntlich gemacht.

Organisation: Für jede Gruppe werden eine Laufkarte und ein entsprechender Kontrollzettel erstellt. Die Posten werden so gewählt, dass sich relativ lange Laufwege ergeben.

1	2	3	4	5	6
14		1		45	

Kontrollzettel Gruppe 1

1	2	3	4	5	6
	20		22		31

Kontrollzettel Gruppe 2

Stern-OL

Der Stern-OL ist eine Weiterentwicklung des schon bekannten Strahlen-OL. Der Laufweg des Stern-OL ist aus mehreren Strahlen zusammengesetzt, die sternförmig von einem Zentrum in verschiedene Richtungen zeigen. Für jeden Strahl wird eine Laufkarte angefertigt. Die Aufgabe besteht darin, den auf der ersten Laufkarte markierten Posten anzulaufen, die Postenmarkierung auf dem Kontrollzettel einzutragen und zum Ausgangspunkt zurückzukehren. Dort wird die zweite Laufkarte in Empfang genommen usw.

Laufkarte: Grundkarte 2. Für jeden Strahl des Sterns wird eine Laufkarte angefertigt. Die Posten werden in der Reihenfolge, in der sie angelaufen werden sollen, nummeriert.

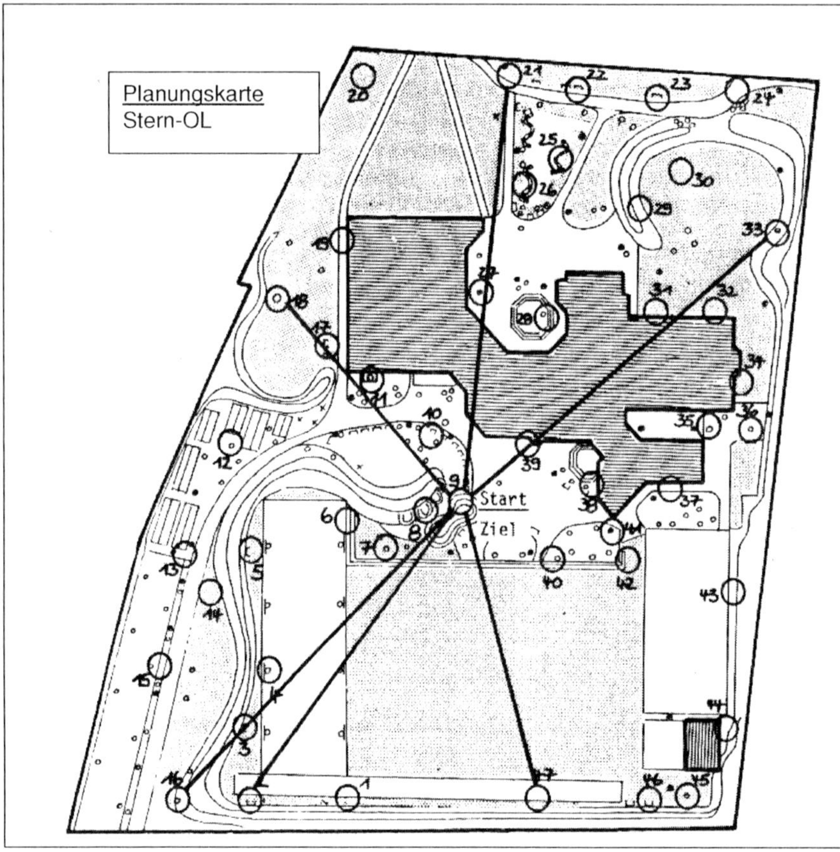

Planungskarte: Stern-OL

Organisation: Die ausgewählten Posten werden mit Kontrollmarkierungen versehen. Jede Gruppe bekommt einen Kontrollzettel. Um ein voneinander unabhängiges Orientieren zu erreichen, werden die Gruppen zu Beginn des Laufes in verschiedene Richtungen geschickt. Das erfordert ein für jede Gruppe eigenes Kartenmaterial.

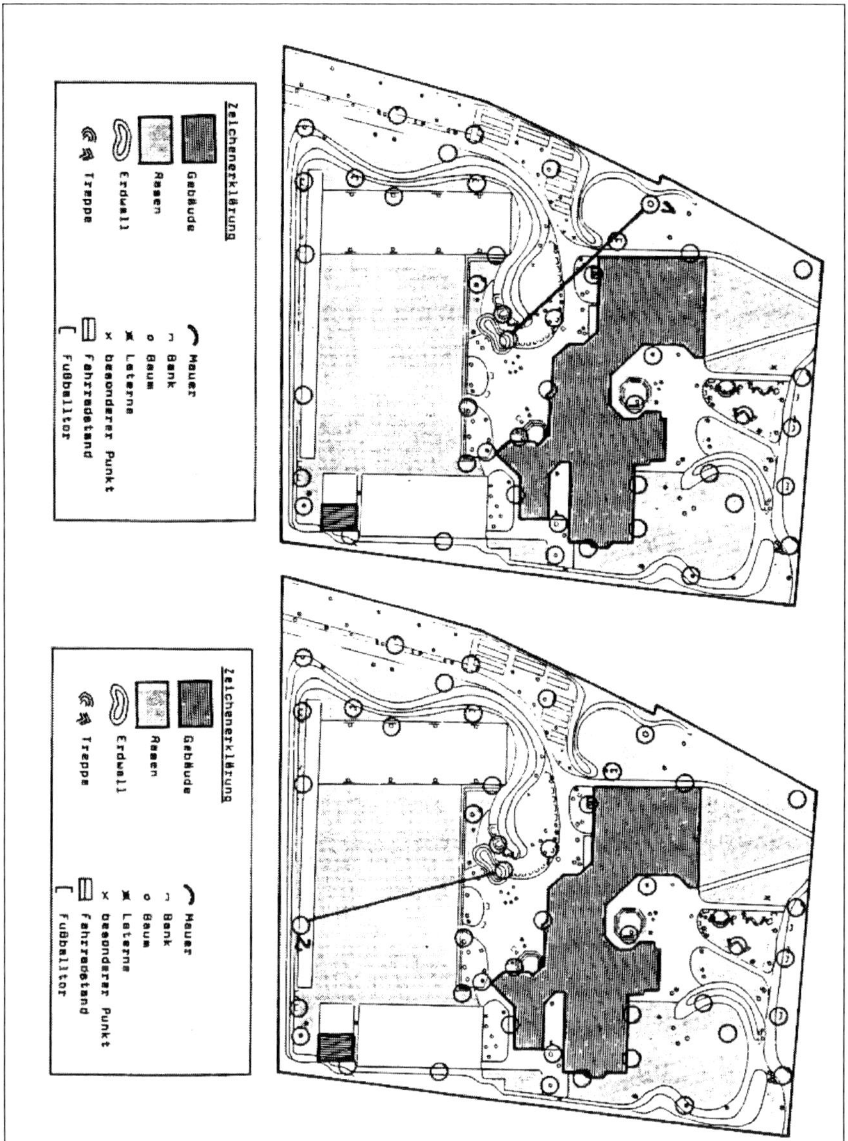

Laufkarten: Stern-OL Gruppe 1
(Die anderen Gruppen erhalten die gleichen Karten, jedoch in anderer Reihenfolge.)

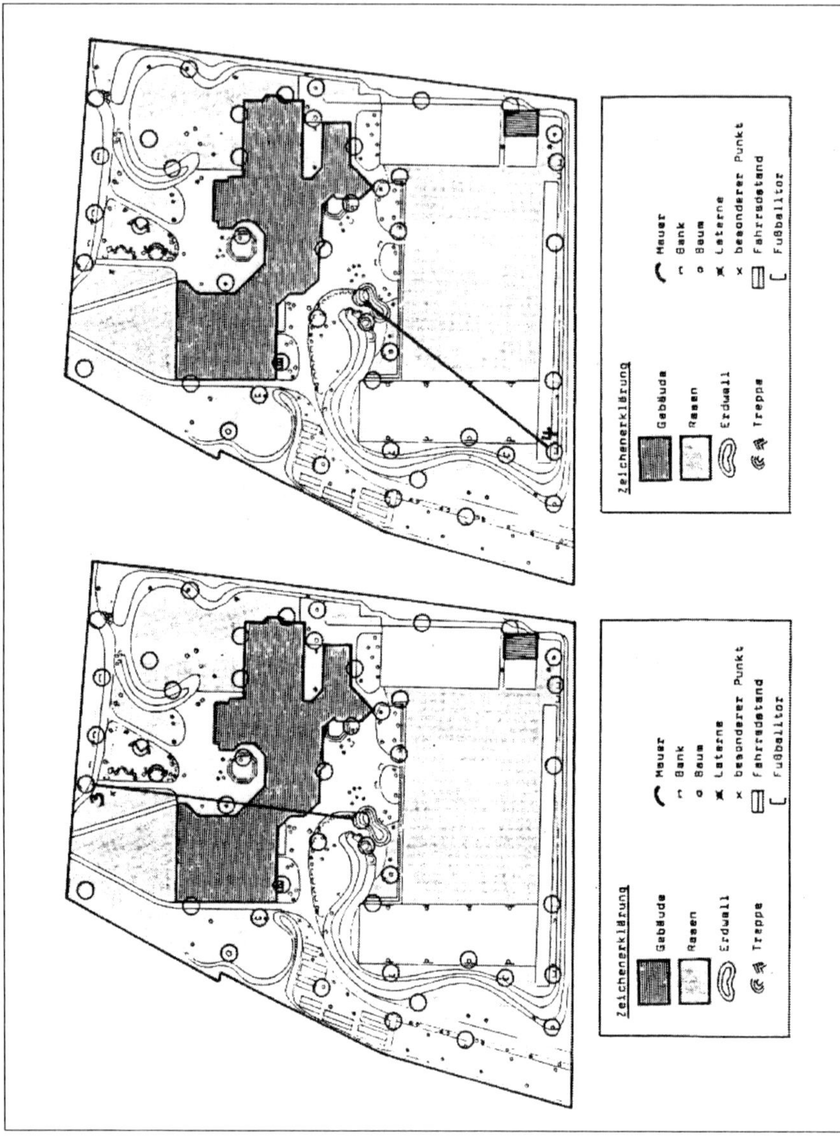

Laufkarten: Stern-OL Gruppe 1

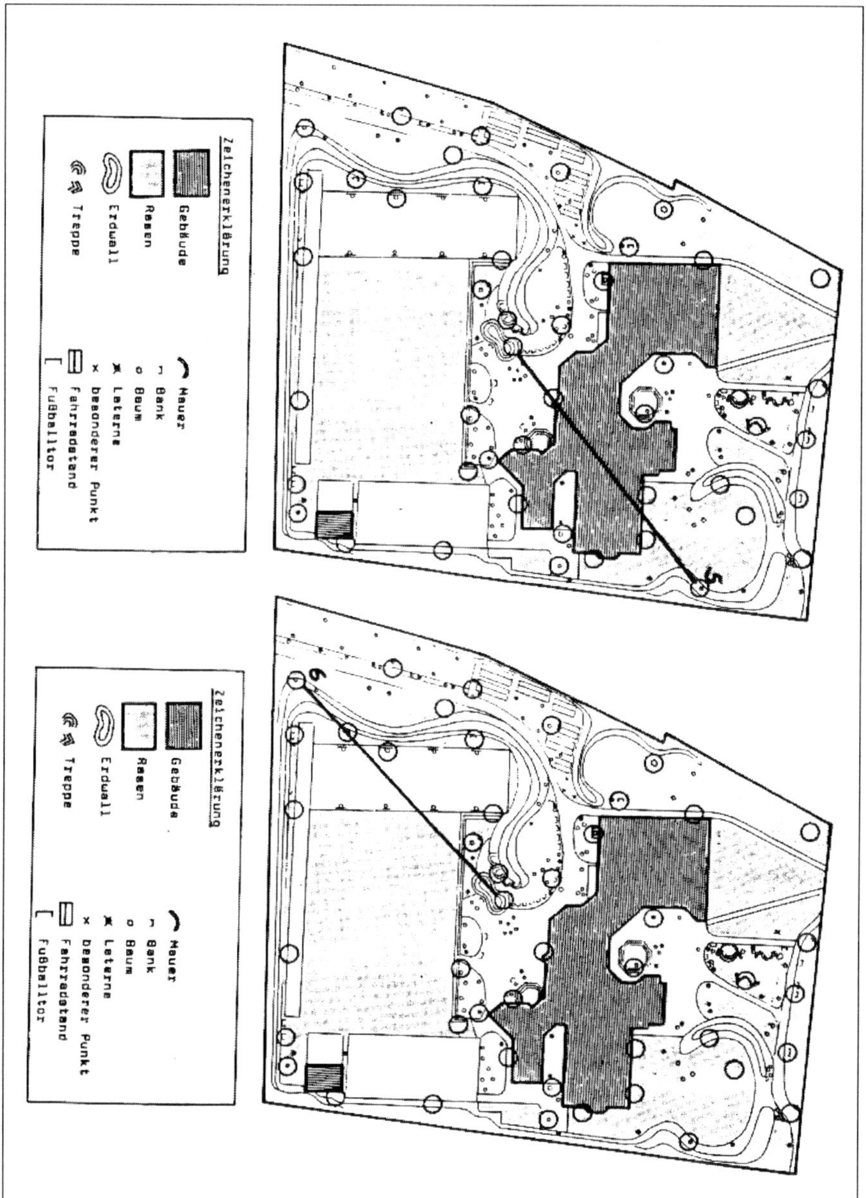

Laufkarten: Stern-OL Gruppe 1

Der Stern-OL ist ein ausgezeichnetes Wettkampfprogramm. Durch Setzen einer für alle Gruppen angemessenen maximalen Gesamtlaufzeit für die Laufaufgabe kann der Wetteifergedanke allerdings auch etwas herausgenommen werden.

Stern-OL als Staffellauf

Beim Stern-OL als Staffellauf wird jede Gruppe in zwei Teilgruppen aufgeteilt. Diese wechseln sich bei der Erfüllung der Laufaufgabe ab, d.h. der erste Posten wird von der ersten Teilgruppe, der zweite von der zweiten, der dritte wieder von der ersten Teilgruppe usw. angelaufen. Durch den Wechsel von Belastung und Erholung gelingt es, die bei einem Stern-OL doch erhebliche Gesamtbelastung in angemessenen Grenzen zu halten.

Schlaufen-OL

Mit dem Schlaufen-OL wird der Stern-OL erweitert. Es werden jeweils mehrere Posten zu „Schlaufen" zusammengesetzt, die wie Blütenblätter um ein Zentrum herum liegen.

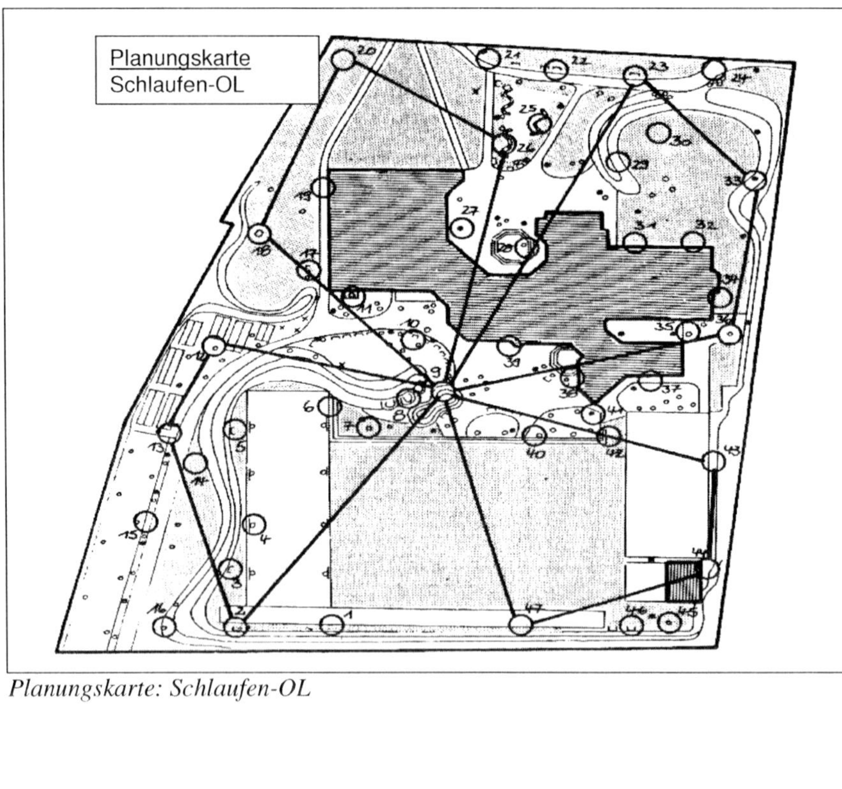

Planungskarte: Schlaufen-OL

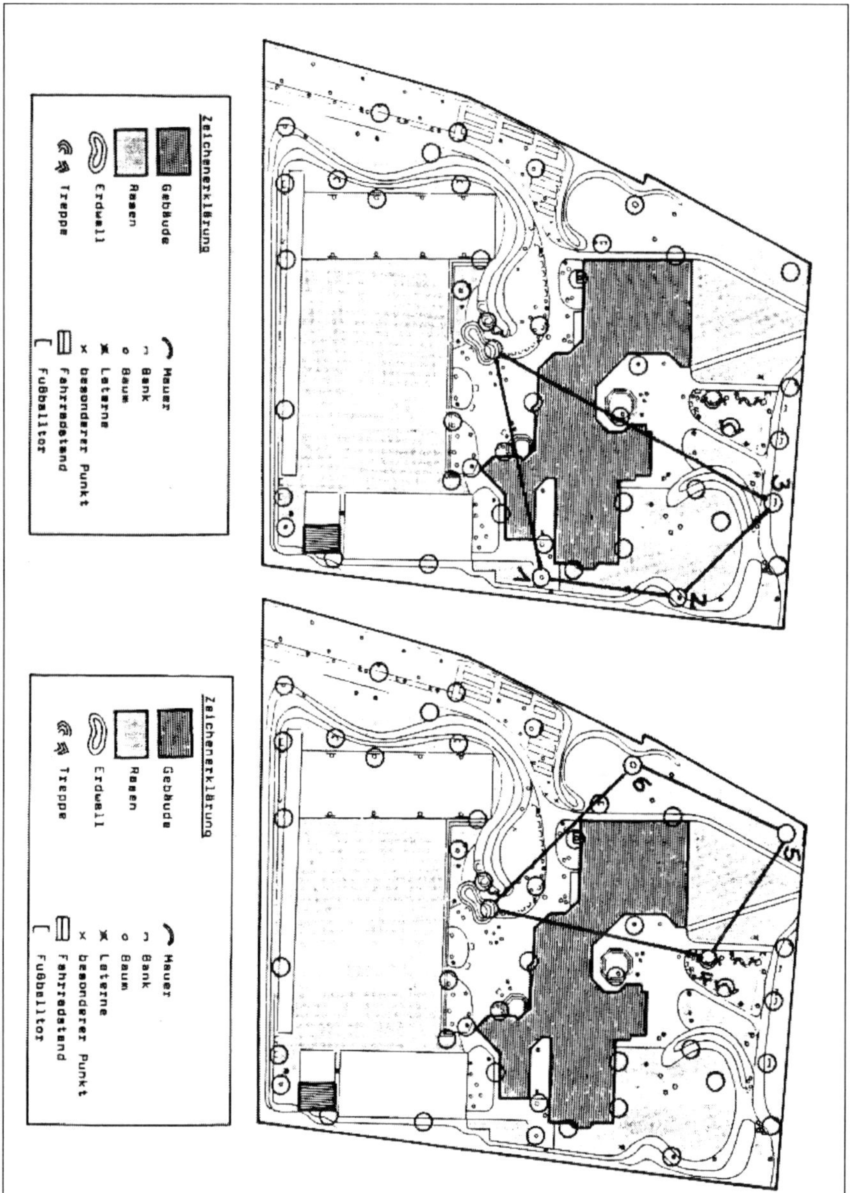

Laufkarten: Schlaufen-OL

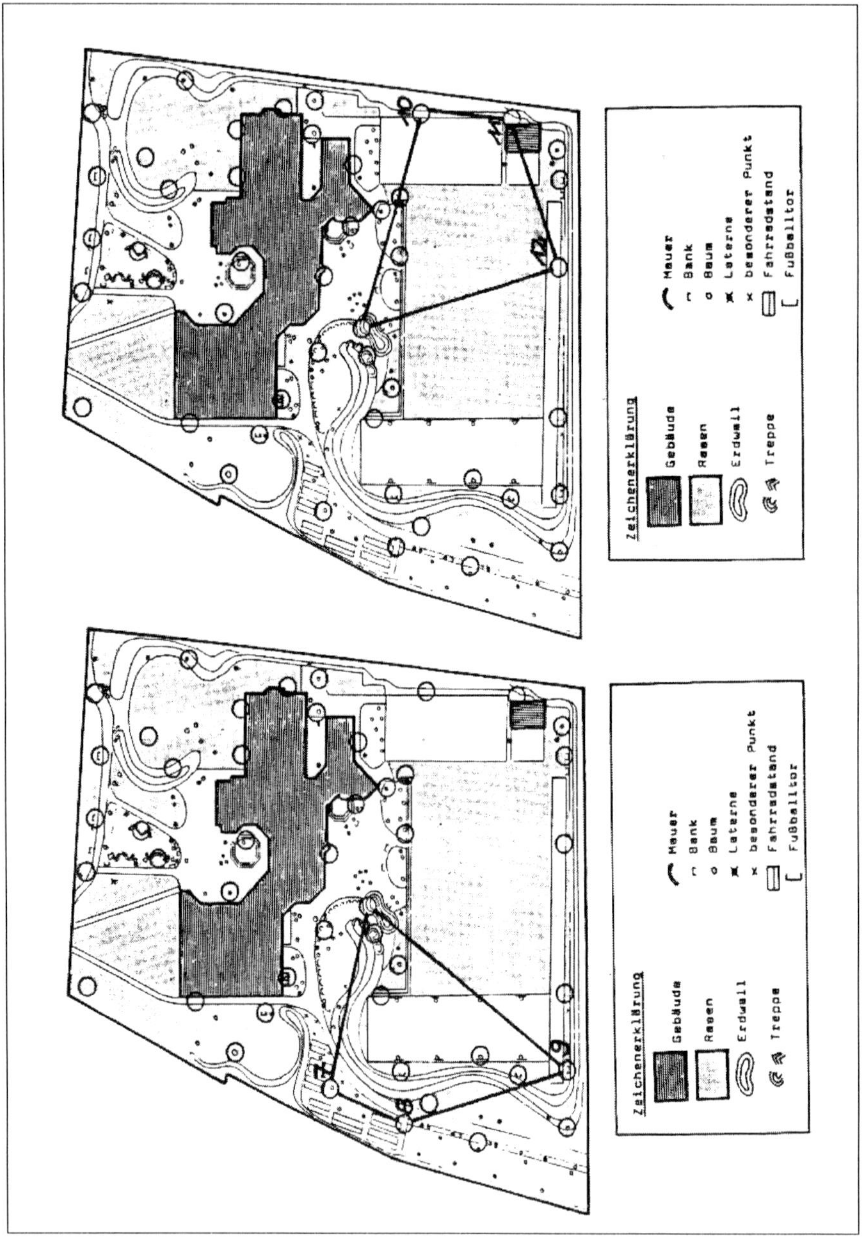

Laufkarten: Schlaufen-OL

Die Aufgabe beim Schlaufen-OL besteht darin, die auf der ersten Laufkarte markierten Posten der ersten „Schlaufe" anzulaufen, die Postenmarkierungen auf dem Kontrollzettel einzutragen und zum Ausgangspunkt zurückzukehren. Dort wird die zweite Laufkarte in Empfang genommen usw.

Laufkarte: Grundkarte 2. Für jede „Schlaufe" wird eine Laufkarte angefertigt. Die Posten werden in der Reihenfolge, in der sie angelaufen werden sollen, nummeriert.

Organisation: Die ausgewählten Posten werden mit Kontrollmarkierungen versehen. Jede Gruppe erhält einen Kontrollzettel. Um ein voneinander unabhängiges Orientieren zu erreichen, werden die Gruppen zu Beginn in verschiedene Richtungen geschickt. Das erfordert ein für jede Gruppe eigenes Kartenmaterial.

Schlaufen-OL als Staffellauf

Wie beim Stern-OL-Staffellauf wird jede Gruppe in zwei Teilgruppen geteilt. Diese wechseln sich bei der Erfüllung der Laufaufgabe ab, d.h. die erste „Schlaufe" wird von der ersten Teilgruppe, die zweite von der zweiten, die dritte „Schlaufe" dann wieder von der ersten Teilgruppe usw. abgelaufen.

Laufkarte und Organisation entsprechen denen des Schlaufen-OL.

Normal-OL

Beim Normal-OL besteht die Aufgabe darin, OL-Posten in festgelegter Reihenfolge auf frei gewählten Wegen aufzusuchen. Als Beweis dafür, dass die Posten gefunden wurden, werden die Kontrollmarkierungen auf dem Kontrollzettel eingetragen.

Laufkarte: Grundkarte 2

Organisation: Für jede Gruppe wird eine Laufkarte erstellt. Die anzulaufenden Posten werden deutlich herausgehoben, in der Reihenfolge, in der sie angelaufen werden sollen, nummeriert und mit geraden Linien miteinander verbunden. Jede Gruppe erhält einen Kontrollzettel. Die ausgewählten Posten werden kurz vor dem Lauf mit Kontrollmarkierungen versehen.

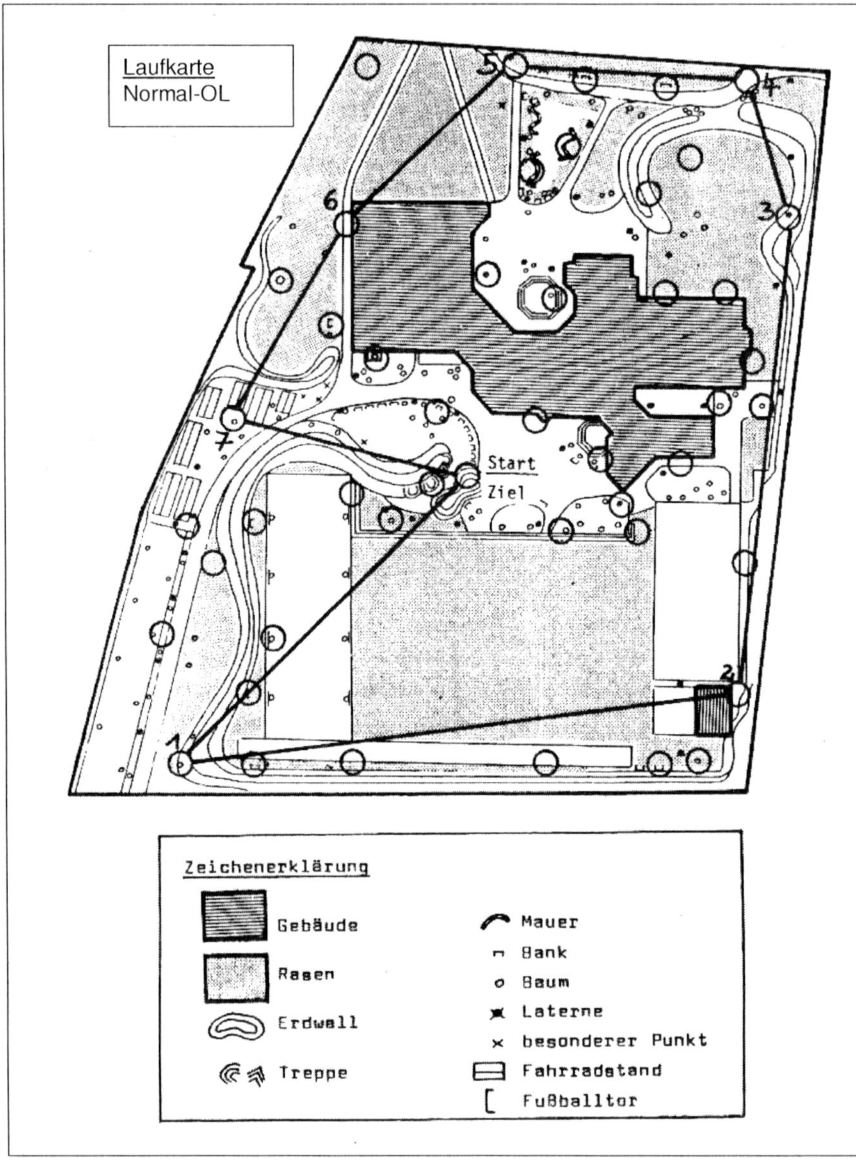

Laufkarte: Normal-OL

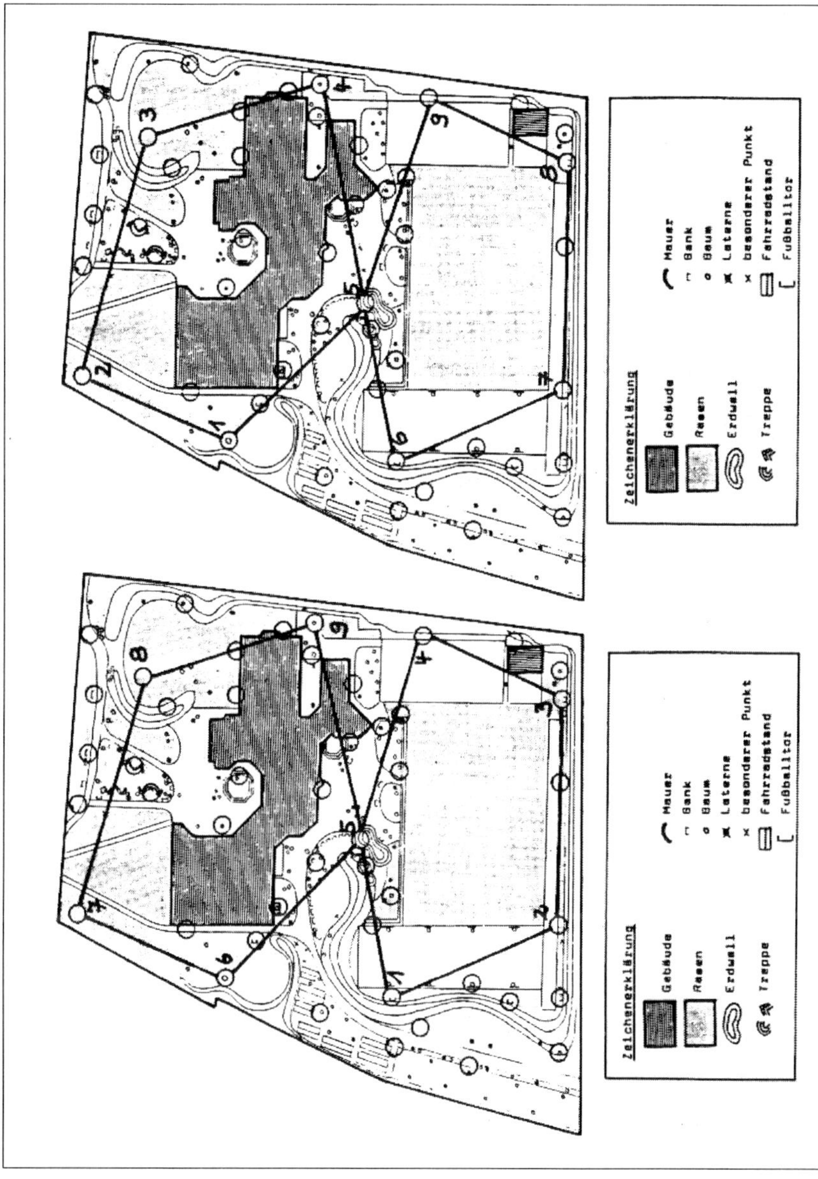

Laufkarten: Normal-OL Gruppe 1
Organisationsform „Acht"

Die Gruppen werden mit angemessenen zeitlichen Abständen nacheinander gestartet, so dass ein selbstständiges Orientieren gewährleistet ist. Möglich ist jedoch auch, den Rundkurs in verschiedenen Richtungen durchlaufen zu lassen. Dann können je zwei Gruppen gleichzeitig starten.

Bei zahlenmäßig großen Klassen und auch bei kleinem Schulgelände empfiehlt es sich, verschlungene Laufwege zu wählen. Organisatorisch günstig sind in sich geschlossene Laufwege in Form einer Acht oder sogar in Form eines drei- oder vierblättrigen Kleeblattes (vgl. WEICHERT 1980). Die Gruppen starten zu Beginn des Laufes in verschiedene Richtungen, haben aber insgesamt den gleichen Laufweg zurückzulegen. Die Laufkarten sind dementsprechend vorzubereiten (vergleiche die vorbereiteten Beispiele).

Skore-OL

Beim Skore-OL werden weder die Laufstrecke noch die Reihenfolge, in der die Posten angelaufen werden sollen, vorgegeben. Die Aufgabe besteht darin, in einer vorher festgelegten Zeit möglichst viele Posten anzulaufen und die Kontrollmarkierungen auf dem Kontrollzettel zu vermerken. In welcher Reihenfolge das geschieht, ist freigestellt. Bei Zeitüberschreitungen können Strafpunkte gegeben werden.

Laufkarte: Grundkarte 3 (nummerierte Posten)

Organisation: Jede Gruppe (bei Einzelwettbewerben jeder Schüler) erhält eine Laufkarte und einen Kontrollzettel, auf dem die Postennummern der Laufkarte verzeichnet sind. Die OL-Posten werden kurz vor dem Lauf mit Kontrollmarkierungen versehen. Der Skore-OL kann als Mannschaftswettbewerb, aber auch als Einzelwettbewerb durchgeführt werden. Beim Mannschaftswettbewerb können die Posten arbeitsteilig aufgesucht werden. Daraus ergeben sich interessante Orientierungsaufgaben, weil jede Mannschaft nur über eine einzige Laufkarte verfügt.

Beim Skore-OL müssen nicht alle im Schulgelände befindliche Posten mit Kontrollmarkierungen versehen werden, man kann sich auf einen kleineren Teil beschränken (siehe das folgende Beispiel).

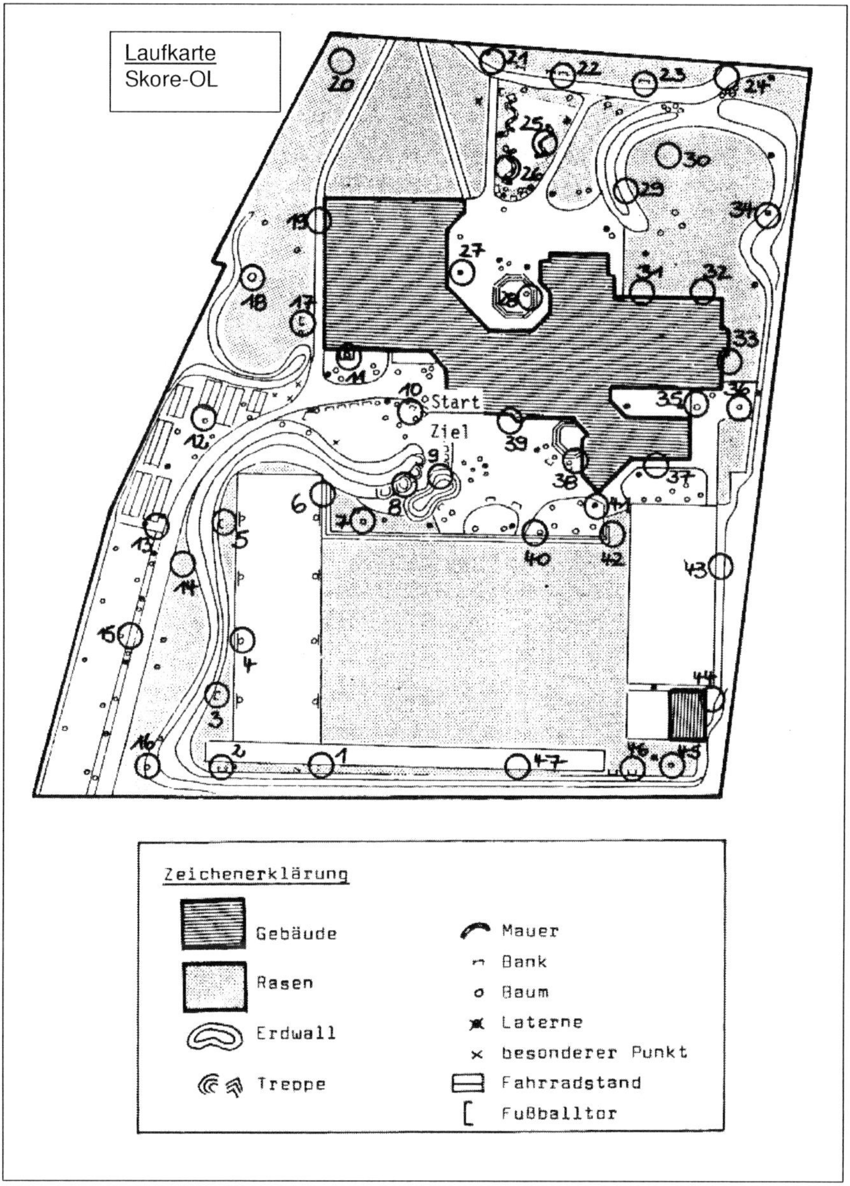

Laufkarte: Skore-OL

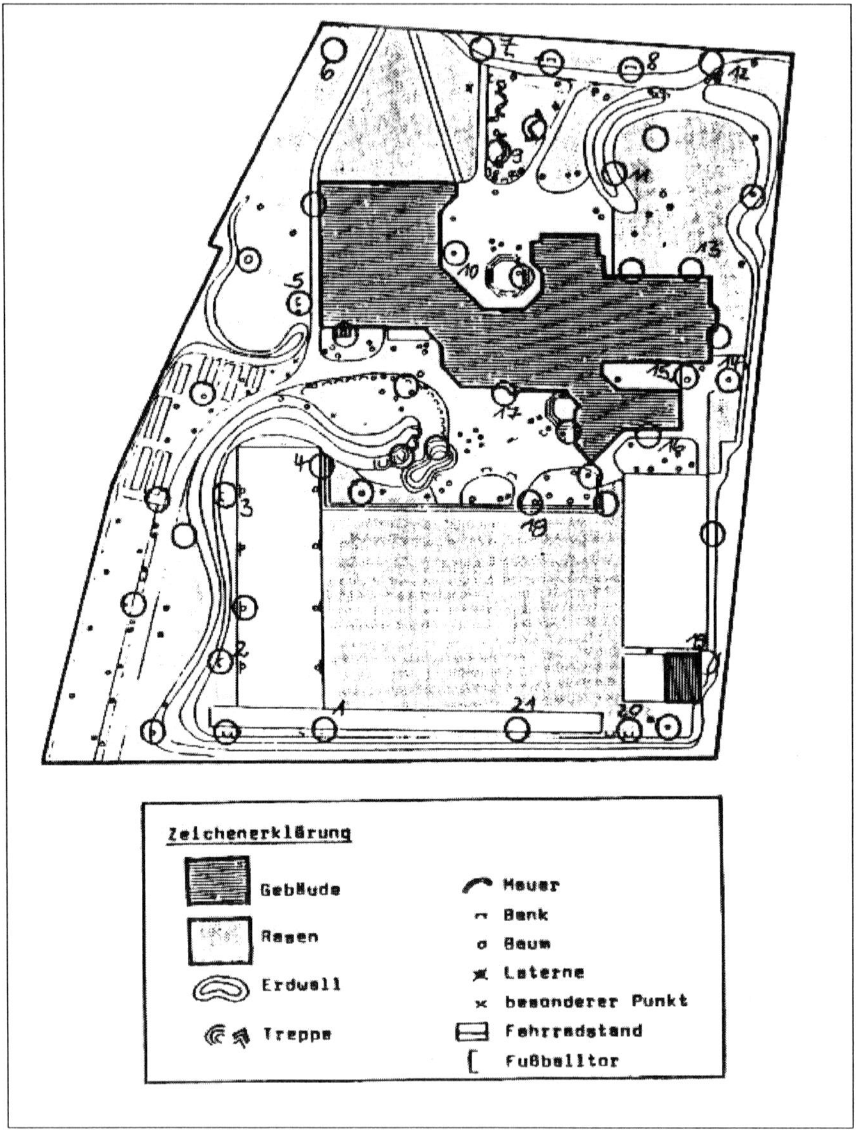

Laufkarte für einen auf wenige OL-Posten beschränkten Skore-OL

Auslegen und Einsammeln

Wenn die Karten verfügbar sind, lassen sich auch spontan ohne jede große Vorbereitung Orientierungsläufe durchführen. Eine Möglichkeit bietet das „Auslegen und Einsammeln“, dessen Organisation hauptsächlich in der Hand der Schüler liegt. Bei allen Modellen werden die Klassen in Paar-Gruppen oder Paare aufgeteilt. Jedes Paar bekommt die gleiche Aufgabe: Die erste Gruppe legt die Posten an und vermerkt die Stellen auf ihrer Karte. Nach ihrer Rückkehr übernimmt die zweite Gruppe die Karte als Laufkarte und sucht die Posten mit ihrer Hilfe auf. Alle ersten Gruppen und alle zweiten Gruppen werden gleichzeitig gestartet.

Modell 1: Auslegen und Einsammeln mit OL-Posten-Karte

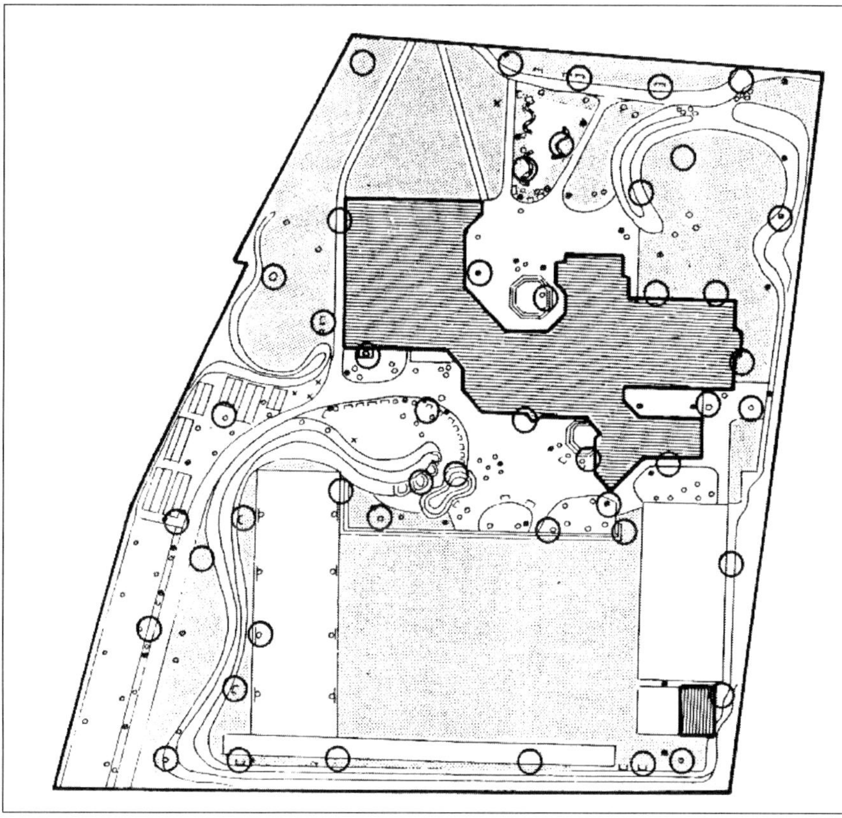

Planungskarte für die erste Gruppe zum Anlegen der Posten

Die ersten Gruppen erhalten die Grundkarte 2 mit den Postenmarkierungen und eine Anzahl von Kontrollnummern. Sie werden mit einer Zeitvorgabe ins Schulgelände geschickt. Ihre Aufgabe besteht darin, die OL-Posten mit den Kontrollnummern selbst zu bestimmen und diese auf ihrer Karte einzutragen. Dann kehren sie zum Ausgangspunkt zurück.

Die so angefertigte Karte wird der zweiten Gruppe übergeben, deren Aufgabe dann darin besteht, die OL-Posten mit Hilfe der Karte anzulaufen und die Kontrollnummern zu vermerken.

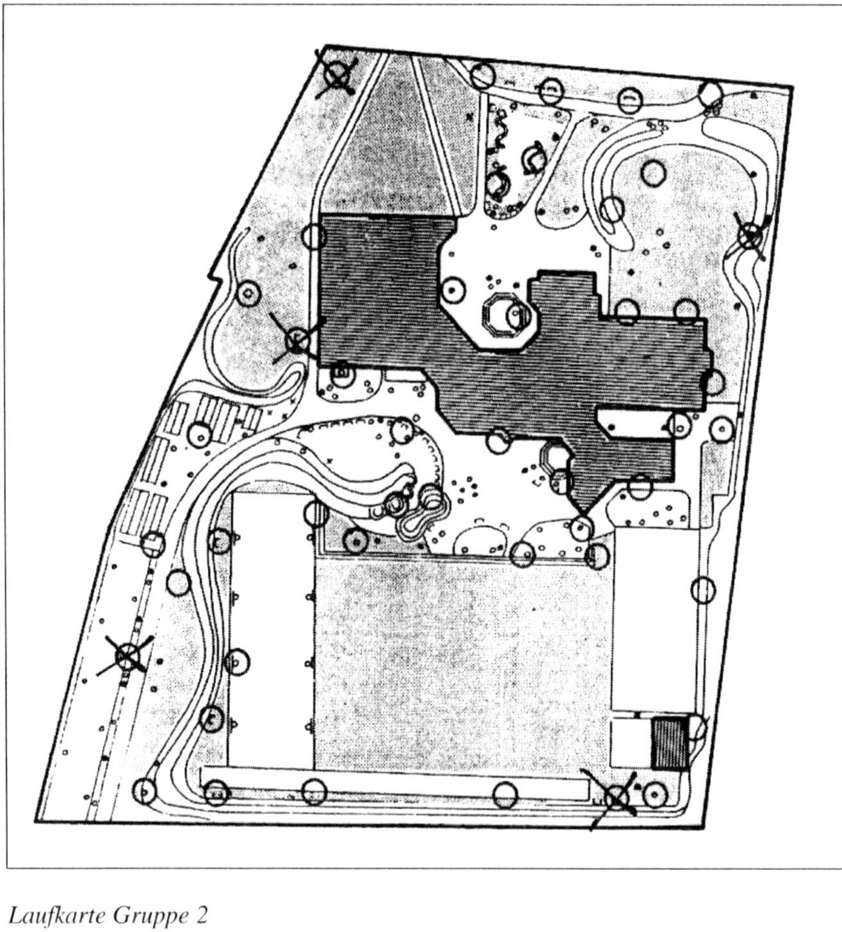

Laufkarte Gruppe 2
Im zweiten Durchgang werden die Rollen getauscht.

Modell 2: Aushängen von Posten

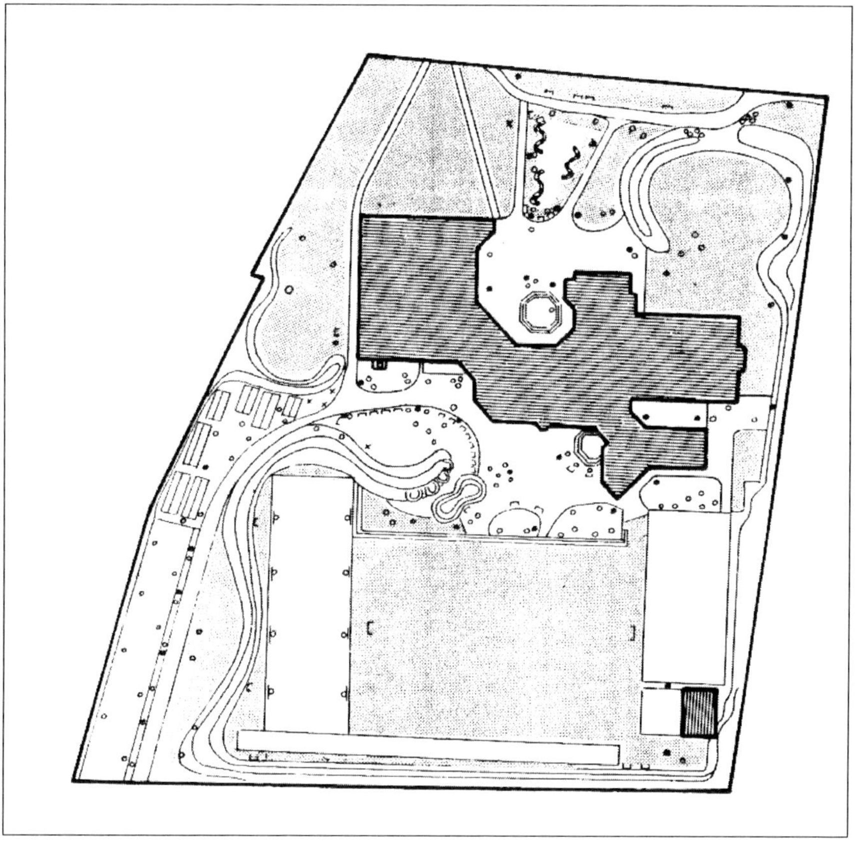

Laufkarte Gruppe 1 zum Aushängen der OL-Posten

Die ersten Gruppen erhalten die Grundkarte 1 ohne Postenmarkierungen. Die Wahl der Stellen, an denen sie ihre Posten einrichten, bleibt ihnen selbst überlassen. Zur Einrichtung der Posten wird ihnen Markierungsmaterial übergeben. Dafür eignen sich z.B. Abschnitte von Baustellenabsperrband. Die Abschnitte sind vorher mit Nummern oder mit Zahlen versehen, die nach dem Aushängen auch auf der Karte eingezeichnet werden.

Die ersten Gruppen werden mit einer Zeitvorgabe losgeschickt. Sie hängen ihre OL-Posten aus und verzeichnen die Stellen und die Postennummerierungen auf ihren Karten. Nach ihrer Rückkehr übergeben sie ihre Karten an die zweiten Gruppen. Diese haben die Aufgabe, die Posten mit Hilfe der Karten zu finden und die Postenmarkierungen als Beweis, dass sie sie gefunden haben, wieder mit „nach Hause" zu bringen.

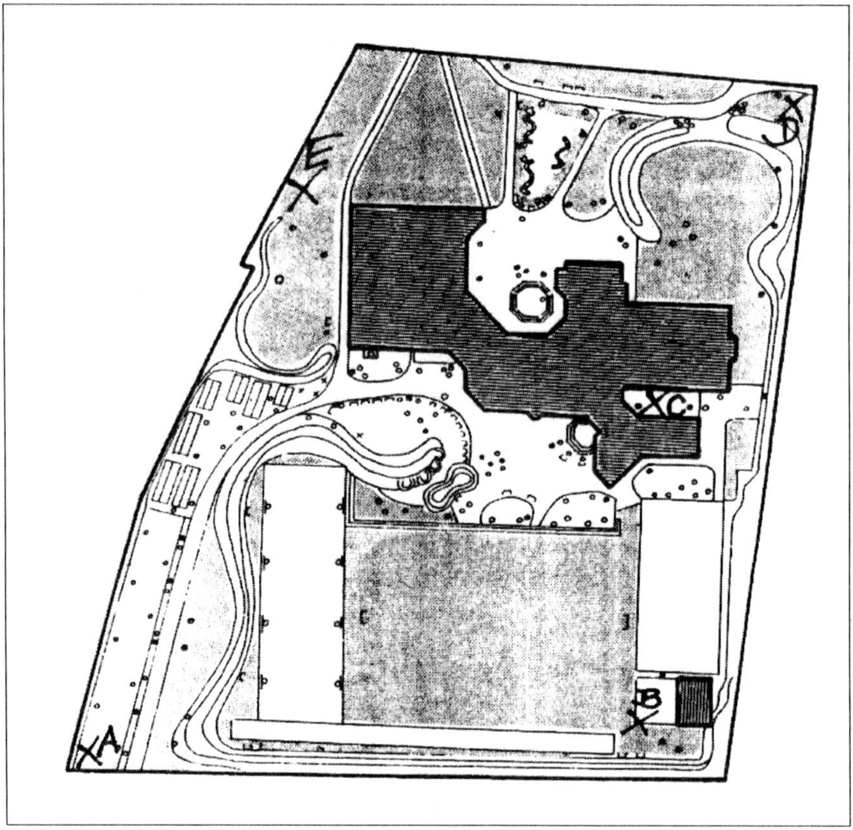

Laufkarte Gruppe 2 zum Einsammeln der ausgelegten Posten

Im zweiten Durchgang werden die Rollen getauscht.

Lauf-Treff an der Schule

Mit der Einrichtung eines Lauf-Treffs an der Schule wird eine Brücke zu außerunterrichtlichen Laufaktivitäten geschlagen. Ein Lauf-Treff als ständiges Angebot an einem Nachmittag, z.B. als Arbeitsgemeinschaft für alle Interessierten, wäre die geeignete Maßnahme, „mit der Zeit an der Schule eine Art „Laufklima" zu erzeugen" (THOMANN 1980, 36), die im Sportunterricht vermittelten Grundlagen und Ansätze des Ausdauerlaufs weiter auszubauen und die „Schüler zum aktiven außerschulischen (hier liegt der Nachdruck!) Langlaufen zu motivieren" (THOMANN 1980, 36). Es werden grundlegende Erfahrungen gesammelt, die für eine spätere Entscheidung, sich auch nach der Schulzeit einem Lauf-Treff anzuschließen und dort sogar Verantwortung zu übernehmen, vorbereiten.

Ein Lauf-Treff ist eine gemeinsame Aufgabe von Lehrern und Schülern. Bei Leistungsunterschieden müssen unterschiedliche Gruppen gebildet werden, die von erfahrenen Schülern verantwortlich geleitet werden können.

Ein Lauf-Treff ist nicht an das Schulgelände gebunden. Auch wenn er hier beginnt, ist sein Platz schon bald die reizvolle Landschaft im Wald oder am See. Da er auch keinen engen zeitlichen Bedingungen unterworfen ist, lässt sich das Programm erheblich erweitern. Denkbar sind z.B. die weiteren Stufen des Laufabzeichens (siehe S. 78) oder Laufwettkämpfe in größerer Form (Crosslauf, Biathlon, Orientierungslauf).

Literatur

AAKEN v., E.: Dauerbewegung als Voraussetzung der Gesundheit. Düsseldorf 1974
ANDERSON, B.: Stretching. Waldeck-Dehringhausen 1982
BRODTMANN, D.: Laufen. In: Sportpädagogik 4(1980), Heft 3, 9 - 14
DEUTSCHER LEICHTATHLETIK-VERBAND: Arbeitsmappe Lauf-Treff. Darmstadt 1982
DIEM, C.-J.: Intervallisierendes Ausdauertraining für den untrainierten Laufanfänger - Das Darmstädter Modell. In: Sportunterricht 33(1984), Heft 3, 104 - 109
FORGO, I.: Sportmedizin für alle. Schorndorf 1983
FREY, G.: Zur Effektivität des Schulsports. In: Sportpädagogik 5(1981), Heft 5, 19 - 23
FREY, G.: Training im Schulsport. Schorndorf 1981
FUNKE, J.: Körpererfahrung. In: Sportpädagogik 4(1980), Heft 4, 13 - 20
GRUPE, 0.: Sport in der Schule. In: Sportunterricht 28 (1976), Heft 12, 445 - 454
HOLLMANN, W. in Hartung, K.: Der Schulsport. Eine Bestandsaufnahme aus ärztlicher Sicht. Marburg 1977
JUNG, K.: Sportliches Langlaufen. Puchheim 1984
KATZENBOGNER, H. / MEDLER, M.: Spielleichtathletik Teil 1: Laufen und Werfen. Flensburg 2000
KEUL, J. u.a.: Biochemische Grundlagen des Kinderleistungssports. In: Leistungssport, Beiheft 28 (1982)
KREISS, F.: Cooper-Test. In: Übungsleiter (1973), Heft 9
LENNARTZ, K.: Kinder laufen lieber länger. Hilden 1979
MAEHL, 0.: Beweglichkeitstraining. Ahrensburg 1986
MARÉES DE, H.: Sportphysiologie. Köln-Mülheim 1976
MARÉES DE, H.: Übersichtsbeitrag Sportmedizin. In: Sportunterricht 33(1984), Heft 3, 85 - 97
MEDLER, M.: Leichtathletik - Spiel- und Wettspielformen. Flensburg 2000
MELLEROWICZ, H.: Der Bewegungsmangel des modernen Menschen seine Auswirkungen und Kosten für den Staat. Berlin 1957
MÜLLER, H.: Laufwege planen und finden. In: Sportpädagogik 4(1980), Heft 3, 22 - 26
SCHERER, R.: Ausdauertraining im Schulsport. In: Sportunterricht (Lehrhilfen) 31(1982), Heft10, 145 - 148
SCHERER, R.: Ausdauertraining im Schulsport II. In: Sportunterricht (Lehrhilfen) 32(1983), Heft 3, 33 - 39
SCHMÜCKER, B. / HOLLMANN, W.: Zur Frage der Trainierbarkeit von Herz und Kreislauf bei Kindern bis zum 10. Lebensjahr. In: Sportarzt und Sportmedizin 24(1973)
SÖLVEBORN, S. A.: Stretching. München 1983
THOMANN, C.: Eine Langlaufveranstaltung. In: Sportpädagogik 4(1980), Heft 3, 36 - 39
WEICHERT, W.: Organisation von Orientierungsläufen. In: Sportpädagogik 4(1980), Heft 3, 30 - 35
WEINECK, J.: Sportbiologie. Erlangen 1986
WEINECK, J.: Optimales Training. Erlangen 1994
WÖLLZENMÜLLER, F.: Richtig Jogging Dauerlaufen. München 1982